U0858454

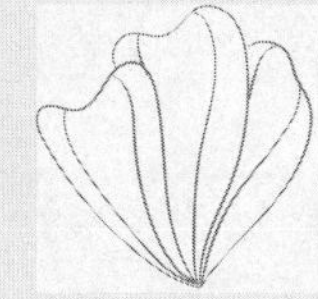

高质量新就业研究丛书 · 第Ⅱ辑
中国人民大学科学研究基金（中央高校基本科研业务费专项资金资助）重大规划项目成果 23XNLG04

零工经济

工作与收入

郑祁 / 著

Gig Economy

Works and Incomes

东北财经大学出版社
Dongbei University of Finance & Economics Press
大连

图书在版编目（CIP）数据

零工经济：工作与收入 / 郑祁著．—大连：东北财经大学出版社，2023.6
（高质量新就业研究丛书・第Ⅱ辑）
ISBN 978-7-5654-4854-6

Ⅰ．零…　Ⅱ．郑…　Ⅲ．劳动经济-研究-中国　Ⅳ．F249.2

中国国家版本馆CIP数据核字（2023）第102002号

东北财经大学出版社出版发行
大连市黑石礁尖山街217号　邮政编码　116025
网　　址：http://www.dufep.cn
读者信箱：dufep @ dufe.edu.cn
大连图腾彩色印刷有限公司印刷

幅面尺寸：170mm×250mm　字数：172千字　印张：12.75
2023年6月第1版　2023年6月第1次印刷
责任编辑：石真珍　周　晗　责任校对：周小焕
封面设计：张智波　版式设计：原　皓
定价：56.00元

教学支持　售后服务　联系电话：（0411）84710309

举报电话：（0411）84710523
如有印装质量问题，请联系营销部：（0411）84710711

总 序

2021年10月18日，习近平总书记在主持中共中央政治局第三十四次集体学习时指出，数字经济发展速度之快、辐射范围之广、影响程度之深前所未有，正在成为重组全球要素资源、重塑全球经济结构、改变全球竞争格局的关键力量。数字经济浪潮下，我国的就业市场正在发生重大变革，数字技术在"创造性"地释放新就业机会的同时，不断重塑着传统产业与经济领域的就业形态与雇佣关系，"就业市场"正在转型为"工作市场"。尽管目前学术界有关数字经济与工作市场的讨论取得了不少成果，但多数仍囿于传统的范式框架，对工作市场的理解缺乏新视角和新证据，因此亟待展开更为系统、深入的理论与实证研究。

本丛书是《高质量新就业研究丛书》的第Ⅱ辑。在第Ⅰ辑中，我们从国家应对数字经济挑战的战略部署以及数字经济下新就业发展的趋势特征等方面，初步揭示了数字经济与工作市场的内在关联以及政府促进就业高质量发展的治理路径；与此同时，通过聚焦数字平台工作，深入考察了数字技术对工作技能及组织关系的深远影响。

在第Ⅰ辑有关数字经济与工作市场探索性研究的基础上，第Ⅱ辑试图开展进一步的理论与实证研究。我们努力深入工作市场发展的细分领域，立足工作市场范式转型的新视角，阐释数字经济影响下我国工作市场出现的三大结构性变革：一是人力资本关系转型，基于人力资本关系新框架，揭示数字经济推动就业从基于劳动雇佣的劳动力市场转向更加灵活、多样、复杂的工作市场的内在动因；二是人力资源管理转型，聚焦企业人力资源管理数字化与数字化管理，深入分析人力资本管理模式对组织结构及人员绩效的深远影响及其应对思路；三是人力资本配置转型，考察灵活多元的新型用工模式，特别是零工就业内部复杂多样的工作类型，进而从政策与产业（人力资源服务业）角度探讨建立与数字经济相适应的人力资本匹配机制的可行路径，深刻阐释数字经济影响下企业多元化用工模式形成的内在逻辑，并为理解企业链接外部人力资本、提升组织效能的动力机制及影响效果提供重要的学理支撑。不仅如此，本丛书针对数字经济下工作市场变革的深入讨论，最终落脚在如何更好地适应与保障劳动者权益这一根本性问题上，为探索建立与数字经济新就业相适应的劳动权益保障体制提供有益的学术与实践思考。

本丛书作为中国人民大学科学研究基金重大规划项目“数字经济与工作市场研究”（编号：23XNLG04）的研究成果得到了中国人民大学科学研究基金的资助。本丛书的基本观点，我们在不同场合做过分享，并且得到了许多领导、专家、同仁的评论意见和重要建议，在此表示衷心的感谢！尽管恪守严谨规范的态度，但由于作者学术功底与专业理解的欠缺，本丛书必定还存在诸多不足之处，作者对此承担全部责任。本丛书的推出，得到了东北财经大学出版社的全力支持，特致谢忱！

杨伟国

2023年6月18日于时雨园

前言

20世纪初以来，随着新一轮科技革命和产业变革的兴起，大数据、互联网、物联网、人工智能等数字技术日新月异。以数据资源为重要生产要素、以全要素数字化转型为重要推动力的数字经济（Digital Economy）蓬勃发展，在全球范围内大规模迅速扩张，不仅在宏观上使国家经济乃至世界经济得到加速发展，也在微观层面改变了人们的生产、生活方式。为适应经济发展新形势，推动社会经济向高质量发展轨道转变，中国也在努力推进数字产业化、产业数字化。中国信息通信研究院公布的《全球数字经济白皮书（2022年）》显示，2021年，测算的47个国家，数字经济增加值规模达到38.1万亿美元，同比名义增长15.6%，占GDP比重为45.0%。

作为数字经济的重要表现形式，“零工经济”（Gig Economy）成为很多企业转型的方向和目标，数量可观的劳动者也将目光投向了零工就业市场。据统计，2019年，我国约有8 400万人从事零工工作，灵活用工国内市场规模为4 787.69亿元。国家统计局数据显示，2022年初我国灵活就业人员已经达到2亿人左右。预计未来20年，将有近4亿人参与零工就业。《2022年中国灵活用工市场研究报告》预计，2023年灵活用工市场规模将达到1.4万亿元。

零工经济的飞速发展给传统劳动力市场和雇佣双方带来了机遇和挑战。一方面，零工经济增加了个体的就业机会，为传统劳动力市场中的失业群体提供了临时的工作机会，在一定程度上降低了低质量创业率，提高了工作灵活度，提升了劳动者和目标工作的匹配效率；另一方面，零工经济带来了劳动关系认定模糊、保障和福利缺乏、收入和就业不稳定、心理和生理健康等一系列问题。零工经济虽然有利有弊，却是未来发展不可避免的一大趋势。

既有研究多探讨零工个体就业参与决策，较少关注其内部的工作类型选择和与之相关的收入水平，特别是个体“工作经历”在其中的效用。为了打开零工个体内部的工作类型选择“黑箱”，本书从现象层面的分析出发并提出研究假设，采用定量的实证方式加以验证和深入探讨，更为全面地刻画工作经历对零工工作类型选择的影响，以及不同的选择对其收入水平的影响。全书旨在通过探索零工就业市场是否存在内部分割等问题，为提升该领域个体收入水平、降低收入差异、增大就业市场密度和匹配度、提高市场运行效率等问题提供政策制定的理论依据。

全书内容共分为6章，前5章进行理论综述、现象探讨和定量验证，第6章得出如下结论：一是数字零工就业存在对不同工作类型零工群体的隔离；二是不能简单地将零工就业市场归为次级劳动力市场；三是对管理型的基础、通用技能平台而言，职业化有利于劳动者、平台企业和政府三方利益的实现。在此基础上，本书提出4条政策建议：第一，尝试将人力资本存量作为平台用工关系判定要件；第二，要采取措施提高零工整体的平台收入水平，努力缩小不同工作类型零工的收入差距；第三，国家、地方和企业层面要在保证数字就业市场“稠密度”的前提下避免市场阻塞；第四，国家层面应建立“基于工作的基本收入计划”等符合数字就业市场的新型社会保障体系。

本书在笔者的博士学位论文基础上修改而成，尽管秉承严谨规范的态度进行了多次修改，但书中依旧有不足之处，特别是受数据获取条件的限制，经努力尝试并未找到理想的工具变量以克服相关的内生性问题。在此，祈望读者和学界同仁的批评指正。

郑　祁

2023年3月于北京

目 录

第1章
绪　论

1.1　研究背景和研究意义

1.1.1　研究背景与问题的提出

20世纪初以来，随着新一轮科技革命和产业变革的兴起（马小芳，梁凯豪，郑伟，2017），大数据、互联网、物联网、人工智能等数字技术日新月异。以数据资源为重要生产要素、以全要素数字化转型为重要推动力的数字经济（Digital Economy）蓬勃发展，在全球范围内大规模迅速扩张，成为今天世界经济中一股举足轻重的力量。

数字经济的到来，不仅在宏观上使国家经济乃至世界经济都得到了加速发展的机会，也在微观层面改变了人们的工作和生活方式。伴随着固定、移动和广播网络的聚集，以及众多工具和标的物的网络化，数字经济已渗透到众多领域，影响波及银行、零售、能源、运输、教育、出版、媒体以及健康等行业（OECD，2015），已成为最重要的创新、竞争以及经济增长的源泉（European Commission，2017）。中国信息通信研究院公布的《全球数字经济白皮书（2022年）》显示，2021年，测试的47个国家，数字经济增加值规模达到38.1万亿美元，同比名义增长15.6%，占GDP的比重为45.0%。从规模来看，发达国家数字经济规模达到27.6万亿美元，而发展中国家数字经济规模约为10.5万亿美元。从占比来看，发达国家数字经济占GDP的比重为55.7%，而发展中国家数字经济占GDP的比重为29.8%。从增速来看，发展中国家数字经济同比名义增长22.3%，高于同期发达国家数字经济增速9.1个百分点（中国信息通信研究院，2022）。

为适应经济发展新形势，推动社会经济向高质量发展轨道转变，中国也在努力推进数字产业化、产业数字化。2019年10月11日，中国国际数字经济博览会在河北省石家庄市开幕，国家主席习近平在贺信中指出："当今世界，科技革命和产业变革日新月异，数字经济蓬勃发展，深刻改变着人类生产生活方式，对各国经济社会发展、全球治理体系、人类文明进程影响深远"，"中国高度重视发展数字经济，在创新、协调、绿色、开放、共享的新发展理念指引下，中国正积极推进数字产业化、产业数字化，引导数字经济和实体经济深度融合，推动经济高质量发展"。党的二十大报告指出，加快发展数字经济，促进数字经济和实体经济深度融合，打造具有国际竞争力的数字产业集群。

党的二十大报告提出，"就业是最基本的民生"，强调要"强化就业优先政策，健全就业促进机制，促进高质量充分就业"，"完善促进创业带动就业的保障制度，支持和规范发展新就业形态"。数字经济中，一系列基于数字技术的点对点经济活动大大降低了资源的消耗，提高了资源的运作效率，改变了人们的生产、生活、消费习惯，鼓励和推动了创新，也为劳动者就业提供了新形态和新方向。一部分传统企业开始积极做调整，盼望找到一条适合自身发展的转型道路。在应对2020年新冠肺炎疫情的大考中，数字化技术的加速应用成为促进经济复苏发展、稳就业、保就业的重要手段（人力资源和社会保障部，2020）。疫情期间，数字经济成为亮点，绝大多数企业不但没有受到影响，反而拓展了发展空间。网络经济、云服务中新业态的发展，保证了中国社会经济在疫情期间的有效运转。企业在此过程中不断探索和调整工作制度，根据自身状况灵活决定用工政策，利用数字技术让灵活就业形式变得更为多样化，解决了大多数劳动者的就业问题（李心萍，2020）。

作为数字经济的重要表现形式，“零工经济”（Gig Economy）成为很多企业转型的方向和目标，数量可观的劳动者也将目光投向了零工就业市场。安德普翰（ADP Research Institute）2021年的统计数据显示，在美国，约2/3的公司中，每4名员工中就有1名是零工。在全球范围内，2005—2015年，投入零工就业的人数在总劳动人口中的比重增加了6%；2015年以后，零工群体更是以每年26%的速度增长（Kässi & Lehdonvirta，2016）。据统计，2019年，我国就约有8 400万人从事零工工作，灵活用工国内市场规模达4 787.69亿元（国家信息中心分享经济研究中心，2021）。国家统计局数据显示，2022年初，我国灵活就业人员已经达到2亿人左右。预计未来20年，将有近4亿人参与零工就业，包括阿里巴巴、京东等在内的互联网头部企业为劳动者提供了大量的零工就业机会。

在我国，外卖和网约车成为从业人口最多的两大零工就业类型。2017年的统计数据显示，大约有2 108万人在滴滴网约车平台上获得收入，其中，女性230万人，占比约10%，这一比例远高于同类的线下传统出租车行业。此外，平台还解决了133万失业、下岗人员的就业问题，去产能行业职工达393万人，零就业家庭137万和复员转业军人178万（滴滴政策研究院，2017）。

越来越多的劳动者参与零工就业，引起了学界的关注。学者们提出，数字零工经济的飞速发展在给传统劳动力市场和雇佣双方带来机会的同时，也带来了挑战（Dame，2016；Bughin & Mischke，2016；Fox，Spicer，Chosewood，et al.，2018；Greenwood，Burtch & Carnahan，2017；De Stefano，2016）。一方面，零工经济增加了个体的就业机会，为传统劳动力市场中的失业群体提供了临时的工作机会（Kässi & Lehdonvirta，2016），在一定程度上降低了低质量创业率（Burtch，Carnahan & Greenwood，2018），提高了工作灵活度（Donovan，Bradley & Shimabukuru，2016），提升了劳动者和目标工作的匹配效率（De Stefano，2016）。在我国，零工经济也扩展到了国家、社会生活的各个方面，成为国民经济的重要组成部分，给劳动者和企业都带来了机遇：对劳动者来说，大部分零工平台就业门槛相对较低，参与方式简单灵活，个体可以轻易参与到零工就业中，找到适合自己的工作；对企业而言，零工经济降低了用工成本，带来了用工便利和劳动供需的优质匹配（丁晓东，2018）。

另一方面，零工经济也带来了相应的劳动关系认定模糊、保障和福利缺乏、收入和就业不稳定、心理和生理健康问题等（Friedman，2014；Schneider & Harknett，2019；Dokko，Mumford & Schanzenbac，2015）。其中，对零工劳动关系认定和与之相关的权益保障问题的探索一直以来都是学界关注的焦点。在中国情境下，零工经济带来劳动者权益保障问题的根源同样来自劳动法对劳动关系认定的僵化框架（林嘉，2016）并不足以回应当今零工经济中平台与劳动者之间的复杂关系（丁晓东，2018）。由此引发一系列问题：若被认定为非劳动关系，零工就不能依据法律获得稳定的收入和社会保障；大幅减少政府可追溯税源，从而减少政府收入；企业需要面对劳动关系认定不明确引起的诸多劳动诉讼和劳动争议，从而大幅提高法律和运营成本。

零工经济虽然有利有弊，却是未来发展不可避免的一大趋势，不能因噎废食。因此，除了关注“就业参与的利弊”，我们也应该探索零工就业内部理性个体的工作类型选择，即哪些因素影响个体的工作类型和与之相关的收入水平，以及具体的影响途径是什么。

20世纪90年代以来，世界范围内劳动者的兼职就业率不断上升。此外，超过一半的美国男性一生中至少有一次拥有第二份工作（Husain，2014）。在发展中国家，同时拥有多份工作的现象更为普遍。1987—1988年，印度古吉拉特邦农村地区50%的工人同时拥有两份或两份以上的工作（Unni，1992）。传统劳动力市场中，个体同时从事多份工作，在一定程度上反映出市场的缺陷或不平衡，信息不完整或薪资缺乏灵活性等原因造成雇主与雇员之间的不匹配，工人可能因此寻求第二份工作，满足了公司的即时（just-in-time）劳动力需求，并在经济发展过程中发挥了重要作用（Amuedo-Dorante & Kimmel，2009）。

随着数字时代的到来，新兴技术的发展和普及更促进了劳动者就业形式和工作类型的多样化，传统劳动力市场逐渐转化成人力资本市场，形成了以合作关系为主导的人力资本关系长尾。企业和劳动者之间的关系更加多元化，既包括传统的劳动（雇佣）关系，也包括松散的工作关系。每个劳动者的全部人力资本模块都能加以利用，获取投资回报。在零工就业领域，人们可以根据各自的需求和技能状况，选择“平台全职”（于同一类平台工作）或“平台兼职”（同时于多类平台工作）的工作类型，以实现其人力资本的优化配置。

这里“平台全职”和“平台兼职”的概念有别于传统劳动关系中的“全职”和“兼职”，差异在于前两者通过个体工作类型的唯一性进行区分，后两者通过个体工作企业数量的唯一性进行区分。表面上，平台全职工作者可同时在相同类型的多个平台工作，但数字技术的应用大幅降低了劳动者的工作搜寻成本，提高了搜寻效率，加之平台工作在时间、地点以及方式上的相对灵活性，工作效率也大大提高，所以，实质上，在单一平台工作和在多个同类平台工作的平台全职者之间的区别不大，即平台全职与兼职的效用近似于传统意义上的全职、兼职。因此，传统劳动关系研究中的“兼职理论”很大程度上可以作为本书探索零工就业中平台全职、兼职问题的理论基础。

此外，在传统灵活就业研究中，Kimmel 和 Conway（1995）发现，与全职者相比，兼职者的平均收入较低，工作时间却更长，并且从事第二份工作通常不足以使兼职者的收入提高到全职者的收入水平。在零工就业领域，在针对基础、通用技能平台的外卖骑手和网约车司机的问卷调查和访谈中，本书发现平台上全职、兼职者并存，具有不同工作经历个体的工作类型选择和相关收入是有差异的，兼职者的平台收入普遍低于全职者。但这仅限于对基础、通用技能零工而言，专业技能个体的情况可能会有所不同。例如，在大学任教的教授若兼职在校外讲课，其所获收入一般会高于全职在外讲课的收入，这里就涉及校园教职工作给该教授带来校外增值的问题，本书暂不做详细探讨。

在数字零工经济的人力资本市场中，作为人力资本重要体现之一的工作经历是如何影响平台上个体的工作类型选择的？进一步地，由于工作经历的不同而选择不同工作类型的个体在平台的收入水平和收入差距如何？零工就业内部是否存在基于不同工作类型的隔离？这些是本书要探索的主要问题。

1.1.2 研究意义

本书具有现实层面、理论层面和政策层面的意义：

第一，本书将过往工作经历作为影响个体工作类型选择和收入的核心解释变量符合数字零工就业中人力资本地位的重要性以及新时期社会、经济发展的需求，也符合研究需要。

Schultz（1963）认为，人力资本的本质属性是能够产生递增收益，强调了人的经济价值在于寻求环境的改善，人力资本能提高个体处理经济条件变化的能力，也是最终产生劳动者经济价值的基础。我国当前经济转向快速的高质量发展，产业结构也在转型升级，数字经济逐渐范式化、规模化，对劳动者提出了不断获取和更新自身知识、技能的需求，而更新、更多的人力资本的累积是以上这些结构性转变的基础。

支持数字零工经济的一系列基础假设之一是“生存权利假设”，该假设强调零工有权利依赖自己的人力资本、时间以及其他非人力资本（包括资源、财产等）在零工就业中谋求自己的生存和发展（斯密，2013）。在“去劳动化”趋势下，区别于传统的劳动力市场，用“人力资本市场”来形容零工就业市场可能更为贴切；不同于传统的雇佣关系，用“人力资本关系”来描述平台企业与劳动者之间的关系更为恰当。因此，作为“人力资本”重要体现的工作经历在数字零工经济和零工就业中具有不可替代的地位，对个体就业选择会产生重要影响，是本书的核心解释变量。

个体选择在平台全职还是兼职工作并非单纯主观偏好（例如，在追求灵活性或稳定性之间进行权衡）的决策结果，更多地体现了在市场竞争不完全和信息不充分且受到多种主、客观影响的条件下，个体如何实现自我效用最大发挥和人力资本最优配置的理性选择。

第二，区别于已有传统劳动关系研究（专注于传统劳动关系下全职、兼职的探讨）和已有零工就业研究（专注于就业参与决策的探讨），本书在打开数字零工就业中个体工作类型选择“黑箱”的同时，重点关注由其工作经历差异引发的不同工作类型选择，以及相关的平台收入水平和收入差异问题。

第三，通过讨论，本研究旨在明晰平台上是否存在内部分割——是否存在工作经历等因素的不同引起的工作类型选择差异，进而产生零工平台收入分化，从工作经历角度出发，更加科学审慎地提出提升零工平台收入水平、缩小不同工作类型收入差异等建议。

通过讨论微观主体在零工市场的个体工作经历、工作类型选择影响因素与工作类型收入差距，本书将探索：平台兼职和平台全职两种工作类型各吸引具有什么样的工作经历的个体；零工就业市场的配置效率如何，是否存在内部市场的分割与扭曲。研究旨在为分类调控、提升该领域个体收入水平、减少收入差异、增大就业市场密度和匹配度、提高市场运行效率、增加劳动者职业技能培训、部分领域零工就业职业化等问题提供政策制定的理论依据。

1.2　相关概念

1.2.1　零工经济相关概念界定和辨析

1.2.1.1　零工经济的内涵和外延

“零工”（gig）一词意为“特定短暂时间内的工作”，并非新鲜事物，早在20世纪20年代初就已经在近距离的社区范围内存在，早期指乐手们在各个酒吧、餐厅的临时即兴表演行为，后泛指所有领域的零工工作。由于科技发展水平的限制，当时仅体现为有限距离内零散的“零工行为”，并未在世界范围内大部分人口中普及。随着数字技术的发展（Donovan，Bradley & Shimabukuru，2016），这些分散化的“零工行为”借助数字技术，逐渐演变为互联网时代规模化的“零工经济”（Gig Economy）（Kalleberg & Dunn，2016）。

迄今为止，学界对“零工经济”含义的理解暂未达成一致：部分学者并不强调新兴科技和互联网的作用，只宽泛描述了零工现象带来的用工模式的变化，认为“零工经济”本身是用来阐释企业和独立工作者基于短期工作、职位或者项目，参与签订合同的趋势的概念，专指以独立自主且有一定技能的劳动者（即传统零工或普遍的自由职业者）为参与主体，注重工作结果，以项目付酬的工作模式（Dame，2016；Manyika，Susan，Jacques，et al.，2016；Tepper，2016），严格意义上来说只能算分散的“零工行为”。

今天普遍提及的零工经济是一种规模化的经济范式，是真正意义上的“零工经济”，指基于互联网和其他科技，以网络平台为基础，具有“即时性”特征的、规模化的按需工作模式（Lobel，2017；Horney，2016），涉及大量高科技公司（Mulcahy，2017）。学界对零工经济大多停留在现象层面的描述和经验概括，缺乏统一抽象化的理论定义。在已有文献的基础上，本书将“零工经济”定义为：一种介于完全控制的传统企业和在完全自由的市场交易中价格机制之间的连续体，是数字时代的资源配置机制，该机制中，企业以网络平台为媒介将碎片化的工作需求传播出去，单一劳动力个体可以选择同时从事多个项目或临时工作，根据其对人力资本关系固定性的差异化要求来对各自职业进行规划的经济模式（郑祁，杨伟国，2019）。

1.2.1.2 零工经济和数字经济、新经济、平台经济的辨析

“数字经济”一词最早收录于1994年的《牛津英语词典》，同年3月的报纸 *The San Diego Union-Tribune* 上的一篇文章出现了“Digital Economy”一词（李长江，2017）。综合已有文献，本书认为数字经济是产生于20世纪初的、平台化的、基于数字技术的经济范式，其本质和核心是利用数字技术实现资源的高效利用和最优配置。具体地，“数字经济”是指基于互联网、大数据、人工智能等一系列新兴数字技术，在经济领域产生的全新的商务、消费、管理、生产、生活、社交等模式的总和。其表现形态也非常多样化：新经济、网络经济、平台经济、零工经济、共享经济（协同经济）、循环经济、数字经济等（Carmen & Razvan，2008；Vatamanescu，Bogdan & Andreea，2017；Ahmad & Paul，2016）。因此，新经济、平台经济和零工经济是数字经济的表现形式，三者都是数字经济的子类。

“新经济”的概念始于20世纪90年代，起初包含两层含义：第一层是指美国当时正处于史上持续时间最长的经济扩张和转变时期，该转变同工业革命一样意义深远；第二层是指信息技术革命正在改变人们的工作、学习、生活、交往、生产、交易等方式（刘树成，李实，2000）。现阶段大家提及的“新经济”常特指其第二层含义，强调信息交流技术带来的改变，从属于数字经济。

“平台经济”则是由科技和信息技术进步以及全球化驱动产生的，生

产者和消费者基于数字化平台，实现可互换角色的点对点（peer-to-peer）互动及交易，旨在高效利用资源和过剩产能、降低交易成本、提高生产流通效率的全新商务模式和生态系统。本质上，平台经济中的平台就是市场，而市场的核心就是使供给方和需求方达成买卖，实现交流的场所，平台经济在这里扮演着交易双方搜寻和社交的媒介角色（Kenney & Zysman，2016）。平台经济主要改变了人们的生产、交易、工作模式，从属于新经济范畴，而零工经济的含义又窄于平台经济，通常限于数字技术对个体工作模式的改变。

综上，数字经济、新经济、平台经济、零工经济模式都属于资源配置方式，旨在实现数字时代资源的高效利用和优化配置，而这些经济模式的区别主要在于所利用的数字技术种类的多寡以及影响辐射范围的大小，基于此，本书对各经济模式进行如下排序：数字经济、新经济、平台经济、零工经济。数字经济的含义最为广泛，其他各经济模式都属于数字经济范畴，是数字经济的不同表现形式（如图1-1所示）。

图1-1　各经济模式的关系

1.2.1.3 非正规就业、灵活就业与零工就业的概念辨析

20世纪70年代，非正规就业对传统雇佣就业的替代并不常见，到80年代中期，这一就业市场的新现象才开始慢慢普及。当时的美国，每四个劳动者中就有一个人参与非正规就业，这类群体成为劳动力市场快速发展的重要组成部分，并在1982年到1984年间的增长超过5万人。除美国外，欧洲国家的非正式雇佣劳动力也达到总数的30%，非正规就业群体在20世纪90年代已分别占据英美劳动力市场超过20%的劳动总人口（Uzzi & Barsness，1998）。在发展中国家，非正规就业占非农就业的比重也相当可观（高达1/2～3/4），其中，亚洲国家的这一比例高达65%（Chen，Charmes，Carre，et al.，2002）。1990—2003年，全世界新增的5.82亿劳动力中，就有20%（1.18亿人）来自中国非正规就业部门新增劳动力，且中国的城市非正规就业群体占总就业人口的58%，非正规经济占全国GDP总量的33%（胡鞍钢，赵黎，2006）。在过去的40多年里，非正规就业在世界范围内不仅成为国家促进就业的主要动能之一，也为企业保持弹性雇佣和劳动力市场的弱势群体获取工作提供了良好机遇。

“非正规就业”的概念首次由国际劳工组织于20世纪70年代初提出，90年代初，又对其进行了明确界定，提出“非正规就业”是“在发展中国家的城市地区，收入水平较低，缺乏组织的小规模的生产和服务单位”，包括小型或微型企业、家庭企业、独立的服务者（杨伟国，吴清军，张建国等，2020；李晓曼，2016）。2003年，“非正规就业”概念的内涵得到发展，第17次国际劳工组织统计大会通过了《关于非正规就业统计定义的指导方针》，提出：非正规就业的定义应该遵循不同国家的具体情况，不只限于发展中国家，也同样存在于发达国家。非正规就业是指那种劳动关系在实际情况或法律法规中不受国家劳工法规、所得税制度规范管制，且得不到劳动关系相关福利、社会保障和保护的就业领域（李晓曼，2016）。此处的判定同时涵盖了劳动者在非正规经济中的经济活动和缺乏权益保障的状态。上述国际劳工组织对非正规就业概念的界定经历了

从只关注经济活动类型到同时考虑了权益保护问题的过程（杨伟国，吴清军，张建国等，2020）。

随着科技进步和各种新兴经济模式的产生，以上传统非正规就业定义存在一定歧视，某些领域已不适用。2002年，劳动和社会保障部在《我国灵活就业问题研究报告》中提出了一个新的概念——灵活就业，即在工作的时间、地点、收入、社保和劳动关系等中的至少一方面，与工业制度下传统的主流就业有所区别的就业状态的总称（李晓曼，2016；杨伟国，吴清军，张建国等，2020）。这里的灵活就业含义实际上更为广泛，包含了非正规就业和部分正规就业的内容。学界对其含义理解与定义不一，其中，类似于我国提出的“灵活就业”概念，部分西方学者认为，具有诸如无合同、临时雇佣、收入不固定等非正式雇佣关系，在政府监管体系之外，以及就业性质和情况处于较低层次的就业都属于非正规就业（李晓曼，2016）。而杨伟国等（2020）则认为，灵活就业的概念需要回归其本质来理解，认为灵活就业是指“劳动力市场中劳动者灵活获得劳动报酬的就业方式”。

此外，国务院办公厅2020年发布的《关于支持多渠道灵活就业的意见》将“网络零售、移动出行、线上教育培训、互联网医疗、在线娱乐等”新就业形态归为灵活就业的范畴。因此，数字零工就业属于灵活就业的一种（杨伟国，吴清军，张建国等，2020），结合杨伟国等（2020）对灵活就业的定义，本书认为“零工就业”是指数字劳动力市场中零工通过数字技术灵活获得劳动报酬的就业（工作）方式。零工就业属于灵活就业，但由于互联网、大数据、算法等数字技术在其中扮演着重要角色，与传统灵活就业相比，其又具有新的特征。特别地，“灵活获得劳动报酬”中的“灵活”并非绝对，不同类型平台上的劳动者所拥有的“灵活度”也有所不一，本书在之后“平台分类”的内容中会提到。

因现有零工就业相关理论比较缺乏，本书主要基于相对成熟的灵活就业研究结论和观点来进行零工就业领域具体问题的分析和讨论。由于时代在不断发展，用于工作、生活、交易等各方面的数字技术也在不断更新，加上各种宏观、微观条件的变化，传统灵活就业领域很多研究结论和观点在零工就业中的适用程度还需探讨。无论是从工作的形式、工作的模式、工作的性质、工作的主体还是工作契约上，零工就业相对于传统灵活就业市场都存在很大变化和差异。

1.2.1.4 数字零工

数字零工经济中，大量科层组织将其和员工之间的传统雇佣关系逐渐转变为平台企业和独立劳动者之间的工作、合作关系，组织与其签订以临时项目或任务为单位的短期工作合约。劳动者（数字零工）则能够超越工作时空、工作方式等限制，远距离获得工作机会，并在参与工作的整个过程中获取更大的自主性和灵活性。然而，理论和实践中，各领域对零工的身份认定标准仍然没有达成统一认知。

2019年，美国劳工部发布的网约平台劳动者（零工）相关意见书（opinion letter）基于六要素认定网约工（零工）不属于传统雇佣劳动者群体，而是独立承包商（independent contractors）（United States Department of Labor，2019）。独立承包商并非雇员，无法享受雇员所享有的一切劳动保障。然而，现阶段，部分平台仍然对其劳动者采取“类雇佣”的管理模式，而独立承包商的概念不足以反映这一情况。据此情况，美国加州立法机关在2019年9月11日通过了关于劳动关系认定的Assembly Bill NO.5（AB-5）法案（California Government，2020）。根据该法案，在适用有关劳动法律时，一般要认定通过劳动或服务换取报酬的人（被雇方）为劳动者（雇员）而不是独立承包商，除非雇佣方能同时证明：被雇方在有关的工作绩效方面不受雇佣方指挥和控制；被雇方完成的工作不是雇佣方的主营业务；被雇方通常以独立的形态参与交易、经营或者执业。安德普翰2021年发布的《洞察商业中的零工劳动力》报告将独立承包商和工作时间在6个月以内的短期员工都称作“零工”。

综合以上观点，本书认为“数字零工”应该是旨在直接为客户提供产品和服务，借助数字平台完成特定“工作”或“任务”的劳动者，是一种介于传统雇佣的雇员与市场交易主体之间的形态，即受到来自平台雇主和市场双重控制的杂交体（hybrids）。具体而言，根据平台对个体的治理模式来判断平台和零工的性质——管理型的平台更类似传统雇主，而自发型平台更类似开放的市场和交易中介。

1.2.2 平台零工技能的定义和分类

“技能”（skill）作为衡量个体就业能力和人力资本的根本因素之一，显著影响着零工个体的就业选择行为和收入水平。

最早对技能进行探讨的是心理学领域的学者，主要指通过练习获得的动作方式、系统，包括操作活动方式和心智活动方式（彭聃龄，2004），有别于能力（ability）。OECD（2012）将技能定义为：完成一项任务或活动所需的知识、特征与潜能的总和，一国在一定时间内具备的技能总和即该国的人力资本。该定义集中体现了新时期对人力资本测量的核心指标是“技能”。初期的相关研究强调人力资本的后天习得性，认为先天能力不属于人力资本范畴，但现在的经济学已经不再严格区分技能和能力（Cunha & Heckman，2007）。此外，“胜任力”（competence）有时也与“技能”“能力”交替使用（OECD，2012）。由于零工就业中个体通常从事的是零散化、独立化的工作或任务，本书支持OECD（2012）对劳动者“技能”的定义，并将“平台零工技能”定义为：零工个体在平台完成一项任务、工作或者从事一项活动所需的知识、特征和潜能的总和。

美国《职业分类大典》（Dictionary of Occupational Titles，DOT）从职业需求出发，将技能分为认知技能（与数据打交道的技能）、人际交往技能（与人打交道的技能）、身体技能（与具体事项打交道的技能）。在技术进步对技能带来影响的环境下，有学者在前者的基础上，基于数字技术对技能的取代程度，将技能划分为五大类：程序性认知技能、非程序性认知技能、非程序性的非认知技能、程序性的身体技能和非程序性的身体技能（Levy & Mumane，2012）。联合国教科文组织分析青年人的就业能力时将技能分为基础技能（foundation skills）、通用技能（transferable skills）、职业技术技能（vocational and technical skills）。基础技能是指获得维持正常生活、工作所需的技能，包括听说读写算的技能，是掌握其他两项技能的基础；通用技能指不同的工作情境下都可使用的技能；职业技术技能是指从事特定的职业所需的特殊技能（Kuczera，Field & Hoffman，2008）。但这种分类方法引起一些质疑，有人提出听说读写等技能应该归属于通用技能。

基于联合国教科文组织的分类，根据技术含量水平和专业化程度由低到高，本书提出针对零工的新的技能划分（如图1-2所示）：基础技能、通用技能、专业技能。其中，基础技能是指技能和专业化水平都比较低的，维持个体正常生活和普通工作所需的技能，本书中第3章的外卖骑手就是基础技能型零工；通用技能是指技能和专业化水平中等的技能，涵盖了联合国教科文组织所提出的通用技能，也包括其他一切中等技术含量的技能，如本书中第4、5章中网约车司机所需的驾驶技能；而专业技能则是技能和专业化水平比较高的技能，包括一切高技术含量和高专业化的职业技能，如医生、律师、心理咨询师等职业所具备的技能。基础技能和通用技能的差距不是十分明显，基础技能者通过简单的学习过程通常就能掌握通用技能，但二者却与专业技能在专业化程度和技能水平上都存在较大差距。

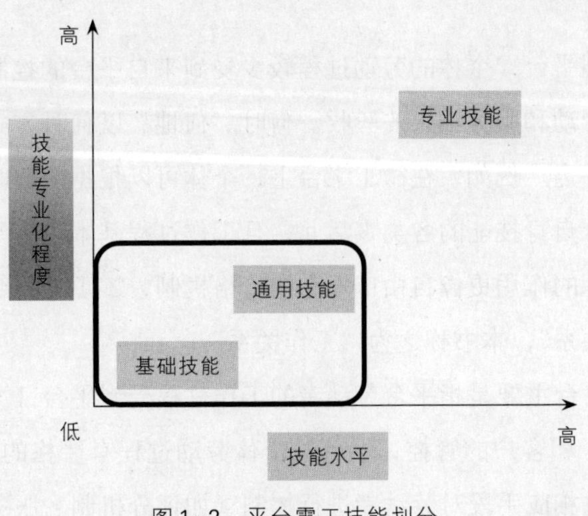

图1-2　平台零工技能划分

1.2.3 零工就业平台的分类

分类标准不同，零工平台的类别不一：可基于平台所提供产品和服务的类别进行划分，可基于服务和产品的数量进行划分，也可基于平台治理方式进行划分。本书主要依据平台的治理方式将零工就业平台划分为自发型和管理型两类（如图1-3所示）。

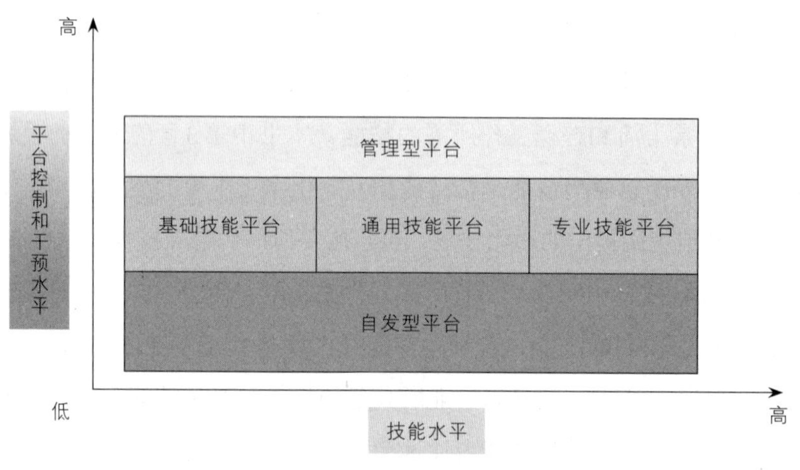

图1-3 零工就业平台的分类

在自发型平台，个体的劳动过程较少受到来自平台的控制和干预，平台更注重对劳动和服务结果的验收。何时、何地、以何种方式工作主要由劳动者自己决定。例如，在微工平台上，个体可以根据闲暇时间和地理位置来搜寻符合自身技能的各类零活儿，且工作过程基本不受平台干预。自发型平台发挥的作用更像自由市场上的价格机制，零工与平台的关系更像一种“合作关系”，本书称之为“工作关系”。

管理型平台主要是指平台劳动者的工作过程受到平台（或平台授权的第三方机构）和客户的管控，平台对个体劳动过程有严格的要求和标准，客户也会通过相应手段对劳动者进行控制（如评分机制、服务反馈和投诉等）。本书的外卖平台、网约车平台等都属于管理型平台，平台扮演的角色更像传统雇主，零工与平台企业的关系更类似一种“雇佣关系”，本书称之为“类雇佣关系”。

结合之前对零工技能类型的划分和平台本身技能门槛的高低，管理型平台下又有基础技能平台、通用技能平台和专业技能平台。其中，基础技能平台往往对劳动者个体无技能门槛要求或者门槛较低，而通用和专业技能平台往往对劳动者技能水平有特定的要求（如滴滴公司要求潜在司机有3年以上基础驾龄、Uber平台要求潜在司机有1年以上基础驾龄），且技能水平越高的平台进入门槛可能越高。多数自发型平台（如微工、猪八戒网、Craigslist等）作为可能提供综合类服务和产品的中介，同时面向具有基础、通用、专业技能的个体。

以管理型的网约车平台为例，部分平台给旗下司机买保险、做培训，并且表彰和奖励表现优秀的司机。平台所做的一切都是传统雇佣关系的体现，是在履行传统雇佣关系下雇主企业应尽的义务，因为表面上看似“灵活”的开专车工作，实际并没有那么灵活。司机一旦选择在平台上线，整个工作过程都受到平台监控，司机对乘客的态度、语言、服务姿势等都需要按照平台的需求进行。此外，部分平台在运营过程中也渐渐加大对平台零工的控制：在过去，司机的接单方式是“抢单”，而现在基本都是平台给司机“派单”。所以，平台给司机买保险、做培训、补偿和奖励实际上都是与其对司机的“控制”并行的，属于传统雇佣关系下雇主的义务和权利，而被控制的司机则更似于传统雇佣关系下的雇员。

1.2.4 零工工作类型

由于本书旨在探讨个体的工作类型选择，研究需要明确零工工作类型的划分。传统的非正规就业观点认为，非正规就业区别于劳动者终身在一个组织供职的正规就业模式，前者主要包含短期、非全日制、季节性和兼职等就业模式。

其中，全日制和非全日制就业主要以特定时间内的工作时长为判断标准，非全日制就业主要指在工作时间上，比同类全日制就业者的正常工作时间要少的就业类型（Dunn，2018）。要注意，不同国家和地区划分的时间标准有所不同。（美国）当期人口调查（Current Population Survey，CPS）判断非全日制工作者（part-time workers）为一周工作时间0～34个小时的劳动者，全日制工作者（full-time workers）为一周工作时间超过34个小时的劳动者（Dunn，2018）。个体选择非全日制多是出于对非经济因素的考虑，诸如照顾孩子的需要、其他家庭相关问题、健康条件的限制、学习和培训的需求、娱乐的需求等原因（Dunn，2018），总的来说，多是为了满足工作生活平衡的需求。

不同于全日制和非全日制的划分标准，全职和兼职则是以“单一劳动者就职企业是否唯一”为划分标准。若单一个体同时在两个及两个以上的组织进行工作，即兼职就业，也称双重（dual job holding）或多重就业（multiple job holding）；若个体只在一个组织进行工作，则为全职就业（Paxson & Sicherman，1996；Briken & Taylor，2018；Koumenta & Williams，2019；Sabine & Enzo，2020；刘承波，2004；李晓曼，2016）。此外，传统的创业理论（Petrova，2012）认为，兼职就业主要指个体通常一些时间做一份常规工作，其他时间在自己的公司工作，主要强调劳动者严格分配工作时间、分散就业风险、自我效用最大发挥等需求的满足。美国劳工统计局（The Bureau of Labor Statistics，BLS）给了兼职人员（多重就业人员——the multiple job holder）更为宽泛的定义：同时拥有两个或多个雇主工资和薪金的个体，将工资和薪金工作与自雇相结合的个体，或将工资和薪金工作与无薪家庭工作合并在一起的个体，但以上不包括从事主要工作为自雇或无薪家庭工作，并以自雇或无薪家庭工人的身份从事第二职业的人（Hipple，2010）。

本书以个体“是否只服务于单一类型平台”，将零工工作类型主要划分为两大类：平台全职（one-type-platform work holding，OTPWH）和平台兼职（dual/multiple-type-platform work holding，D/MTPWH）。“平台全职”是指除了某类平台工作之外没有其他类工作（包括正规和灵活）的工作类型，在同一类型的多个平台和单个平台工作的个体都属于平台全职者；“平台兼职”是指特定类型的平台工作并非个体的唯一工作，除此之外，还同时在正规或其他领域灵活就业的状态，同时在多种类型的平台工作和在平台就业的同时仍保留正规或其他工作的个体都属于平台兼职者（如图1-4所示）。

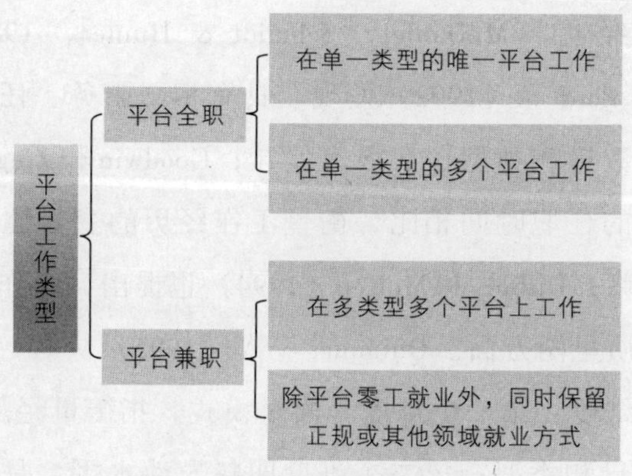

图1-4　平台工作类型划分

1.2.5　工作经历

人力资本理论将工作经历定义为劳动力依存度（labor force attachment）的一种衡量标准（Giefer，2010），是劳动者重要的人力资本，会影响个体的就业选择和收入水平。Tesluk和Jacobs（1998）认为，工作经历是指在事业（career）发展过程中，劳动者不断累积的（accumulated）和岗位相关（job-related）的一切经历。也有学者提出，工作经历是指劳动者经历的与其在某岗位（job）就业相关的一系列事件（Quinones，Ford & Teachout，1995）。传统的工作经历多指与“岗位”相关的个体经历和体验，在零工就业领域并不完全适用，因为新就业形态下，传统岗位已被分解成独立的任务和工作。本书在传统研究的基础上，拓宽了工作经历的含义，提出：劳动者所经历的与其在某岗位（job）就业、从事特定职业（occupation）或承担特定工作（work）、任务（task）甚至事项等相关的一系列事件，都可称为工作经历。相较于传统的工作经历来说，这是一个更为宽泛的概念，并不限于劳动者的岗位经历，同时也包括与某项工作、任务或职业相关的经历。

人力资本理论认为不是所有个体的工作经历都相同（Giefer，2010）。已有研究常用相关任职时间和从事某项任务的次数来定义和衡量个体工作经历（McDaniel，Schmidt & Hunter，1988；McEnrue，1988），然而，Ford等（1992）发现，具有相同服务、任职年限的个体所执行任务的数量和类型存在很大差异；Goodwin和Ziegler（1998）也发现，与简单的任职时间相比，衡量工作经历的变异性更能预测个体行为和选择策略；DuBois和McKee（1994）也提出，工作经历的度量需要分为数量和质量两方面。Quinones等人（1995）认为，可将工作经历衡量分为两个维度：第一个维度是衡量模式，指衡量经历的特定方面，包括时间、数量和类型；第二个维度即特异性水平，是指经历衡量的参考单位（Kozlowski & Hattrup，1992），包括三个级别的特异性（任务、工作和组织）。

基于上述研究，从工作经历时间和特异性的角度出发，除了常用的工作时间（年限）以外，本书还关注了过往工作经历中其他三个内容，即工作单位类型、工作行业性质以及是否有过与工作相关的不公正待遇，并分别通过“是否有国有企事业单位工作经历”“是否来自产能过剩行业”“是否有不平等的求职经历”三个指标来衡量（如图1-5所示）。

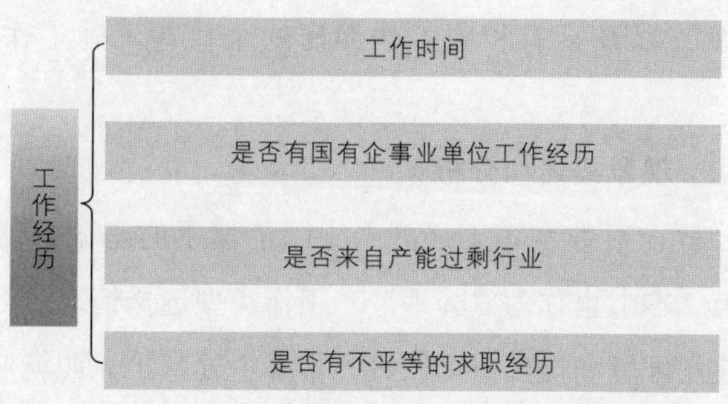

图1-5 工作经历

工作时间指个体在某岗位就业、从事特定职业或承担特定工作和任务的时间，在本书中特指个体在某岗位、从事特定职业或承担特定工作和任务相关的一系列事件的时间。工作时间内个体能够累积与潜在零工就业相关的人力资本。本书不仅关注工作过程中个体的技能状况，也关注工作经历中产生的文化观念、心理状态等，旨在更为立体地描绘中国情境下以上四种工作经历对零工工作类型选择和收入的影响。

1.3 研究内容和理论框架

1.3.1 研究内容

1.3.1.1 文献研究

在文献研究部分，本书首先梳理了传统劳动关系领域的兼职就业研究现状，总结了传统灵活就业领域个体选择兼职就业的原因，建立零工工作类型选择影响因素的理论框架；其次，回顾了收入决定和收入差异的相关文献，基于扩展的Mincer方程建立了零工平台收入决定因素框架。此外，本书发现学者们也多集中于探讨兼职群体内部的收入差异，例如，兼职群体中的性别收入差异等问题，而较少关注兼职和全职之间的收入差异，特别是数字时代下的零工就业领域，个体工作经历对收入差距的贡献，以及具有相同工作经历的个体在不同工作类型中的收入差异。

1.3.1.2 现象描述和分析

此部分旨在对数字零工经济中中国情境下的基础技能平台（外卖平台）送餐员（本书也称为“骑手”）工作类型选择情况进行现象描述和分析，初步建立理解和提出研究假设。本书主要基于兼职就业选择理论和已建立的研究框架，采用定性方法描述并推测工作经历和其他各因素（个体受教育水平、人口学因素、家庭因素、户口、个体消费类型等）对个体工作类型选择可能产生的影响，提出研究假设。

1.3.1.3 定量研究——工作类型选择分析

由于通用技能和基础技能的差异并不十分显著，两类技能群体所处平台的治理模式类似，本部分采用样本量比较大的U平台网约车司机的数据，通过定量研究方法，验证关于工作经历和其他因素对个体工作类型选择影响的假设是否成立。在这一过程中，本书控制了城市固定效应。此外，由于工作类型选择会受到个体的风险偏好和家庭支持度的影响，本部分还将探索这两个中介变量如何影响各因素对个体工作类型选择的作用。最后，进行异质性检验，实证估计不同消费类型和户籍状态下，各工作经历因素的影响是否存在显著差异。

1.3.1.4 定量研究——收入决定与收入差异分析

在现象描述和分析部分，本书发现选择不同工作类型的零工群体之间存在收入差异（在基础、通用技能平台）——兼职者收入低于全职者，那么工作经历对于此收入差异的形成具有怎样的贡献？为了厘清分析逻辑，在探讨工作经历对零工个体工作类型选择影响的基础上，本部分将采用定量分析方法，深入探索其他条件相同的情况下，在零工就业中，由于工作经历和其他因素差异而选择不同工作类型个体的平台收入水平，以及由于工作类型选择的不同所造成的两者之间的收入差异问题。

1.3.2 理论框架

本书的理论框架如图1-6所示。

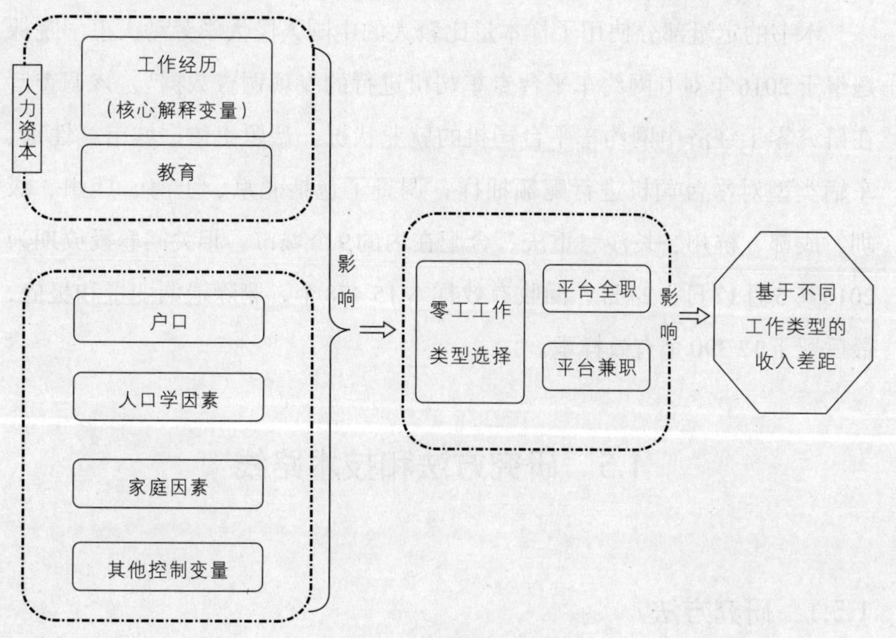

图1-6 本书理论框架

1.4 数据来源

本书的假设提出部分主要使用有大量访谈资料的2018年北京市总工会外卖劳动调研课题组关于互联网经济下外卖行业劳动关系现状的调查数据。[①]在外卖行业劳动关系现状调查中，北京市总工会外卖劳动调研课题

① 数据来源：北京市总工会外卖劳动调研课题组“互联网经济下外卖行业劳动关系现状调查”（2018年数据）。

组在2018年1月至7月之间进行了为期半年的调研，调研主要对象为北京地区网络餐饮平台的送餐人员。调研采用问卷调查、个案访谈、参与式观察、文献研究等多途径、多角度的数据收集和反馈方法进行，回收有效问卷1 300余份，个案访谈80余人。

本书的定量部分使用了样本量比较大的中国人民大学劳动人事学院课题组于2016年对U网约车平台专车司机进行的专项调查数据[①]，该调查旨在研究零工经济中网约车平台司机的就业状况。课题组依据城市、性别、车辆类型对平台司机进行配额抽样，调查了包括北京、上海、广州、深圳、成都、杭州、长沙、重庆、合肥在内的9个城市。相关问卷投放期为2016年5月17日—24日，回收有效样本15 478个，删除遗漏变量和极值，最后留下12 390个有效样本。

1.5 研究方法和技术路线

1.5.1 研究方法

1.5.1.1 文献研究

本书的文献资源分为两类：第一类是研究型文献；第二类是文本资料。

研究型文献是指国内外围绕传统灵活就业领域、劳动力供给理论，以及数字零工经济和零工就业市场的相关论文，主要来源于EBSCO、JSTOR、Sage、Springer、Project MUSE、Taylor & Francis等系列期刊数据库，以及ProQuest博硕士论文全文数据库、中国学位论文全文数据库、中国期刊全文数据库、维普资讯中文期刊服务平台、万方数据资源系统等。

① 数据来源：中国人民大学劳动人事学院“网约车平台就业状况调查”（2016年数据）。

通过对这类文献的研究，本书一是了解了现阶段零工就业研究现状和研究空白，获得该领域的最新研究进展，让研究继续深入；二是通过研究传统灵活就业文献，为零工就业市场的类似问题提供参考，克服缺少成熟理论支持的困难。

文本资料主要指国际组织、各国政府和相关研究机构发布的报告、资料、政策文件等，来源于各国际组织官网（OECD、IMF、ILO、EU等）、各国政府官网（美、英、日、加、澳、中等）、各大高校官方网站（MIT、Harvard、Yale、Cambridge等）、中国互联网络信息中心、美团等企业的第三方平台网站等。这些文本可以为本书提供零工就业市场和零工从业者的现状描述、政策规制和其他各类翔实的数据。

1.5.1.2 定性分析

调研课题组主要采用了问卷调查、个案访谈和参与式观察三种定性方法收集数据和信息，基于此，本书从现象层面的描述、分析中发现问题并提出假设。

（1）问卷调查

调研组通过问卷调查了解了北京地区外卖平台的用工现状，调查对象包括美团外卖、饿了么等数字订餐平台的送餐员。在北京的部分主要送餐员聚集点，研究组成员向送餐员发放纸质和电子版的半结构化问卷；回收后的纸质版问卷由调研组组员录入，随后整理成电子版。问卷的发放同时利用随机抽样和滚雪球抽样的方式，总计回收1 599份问卷，其中有效问卷1 399份。问卷涵盖外卖送餐员的基本个人信息、居住情况、劳动状况、劳动安全、意外伤险、手机使用及劳动权利保护等内容。

（2）个案访谈

调研组采用个案访谈的方式，对北京地区送餐员进行了共计60人的调研（主要为结构化和非结构化访谈），此外，访谈人员还包括第三方人力资源管理人员、外卖手机客户端（App）的研发人员、餐厅外卖出餐人员、外包公司的管理人员等20余人。单次访谈时间为60～90分钟，并对部分送餐员进行了2～3次回访。个案访谈主要采用滚雪球的方式进行，通过已经建立良好沟通关系的送餐员介绍其同乡、同事，扩大采访范围。采访集中在朝阳、海淀、东西城区的送餐员站点、餐馆、街头、平台外卖员的宿舍等地。部分采访在受访送餐员授意下留有录音记录（并转录为文字）。

（3）参与式观察

由于送餐员工作强度大，时间有限，有的送餐员无法完成个案访谈和问卷调查，调研组进行参与式观察，作为问卷调查、访谈的补充方式。部分组员与送餐员建立了密切的信任关系，最终参与到送餐员的日常工作、生活中，和送餐员一起取、送餐，从送餐员的视角关注劳动过程，关注点有送餐App的使用情况及送餐员的日常交流、社交、娱乐等内容。

1.5.1.3　定量研究

本书主要采用二元Probit回归分析、OLS基本回归分析、分位数回归和Oaxaca-Blinder分解几种定量分析方法，验证关于工作类型选择的假设，并探索工作经历对平台全职和平台兼职零工收入水平，以及二者收入差距形成的影响和作用机制。

第一，利用二元Probit回归模型探讨工作经历是否以及如何对零工个体的工作类型选择产生影响，工作经历通过个体风险偏好和家庭支持度对个体工作类型选择的作用机制，工作经历在不同户口状态分组和不同消费类型分组中影响的异质性表现。

第二，由于零工的平台收入属于连续变量，本书用OLS基本回归来探讨零工的工作经历是否以及如何对其平台收入产生影响。

第三，本书对总体、平台全职与平台兼职零工个体的小时收入的对数进行分位数回归，进一步考察零工工作类型选择对不同收入人群平台收入的影响。

第四，不同工作类型的零工之间存在收入差距，但简单的描述统计和

OLS回归并不能详细展示各因素对收入差距产生的贡献率，为了考察平台全职零工与平台兼职零工收入差异的结构性因素，本书利用Oaxaca-Blinder模型进行相关分析。

1.5.2 技术路线

本书的技术路线如图1-7所示。

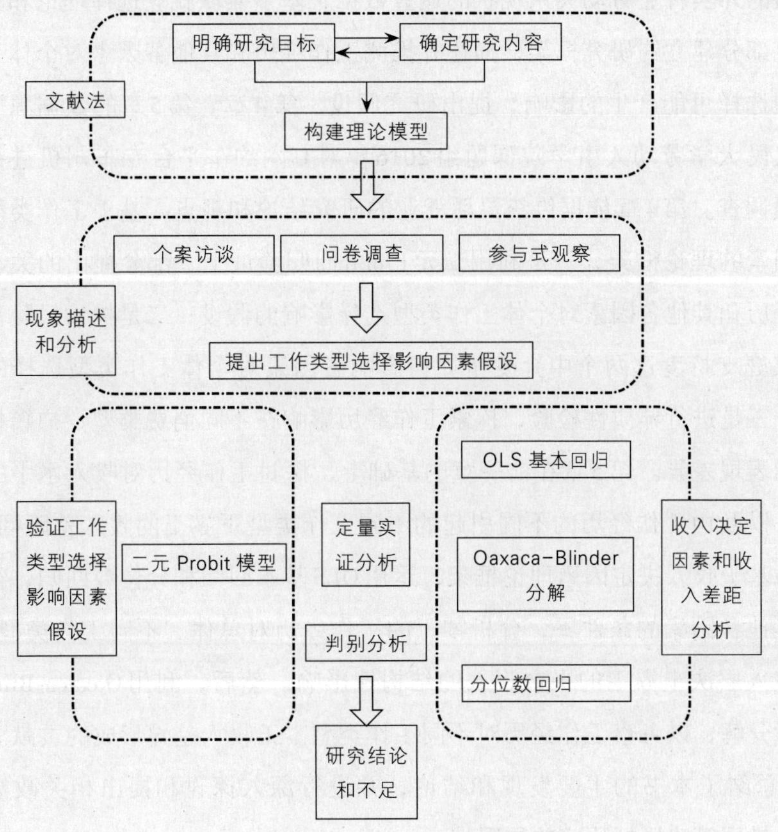

图1-7　本书技术路线

1.6 结构安排

本书接下来的安排如下：第2章是理论和文献综述部分，包含了与第3、4、5章内容相关的文献，建立了本书关于工作类型选择影响因素和收入决定的理论框架；第3章基于2018年北京市总工会外卖劳动调研课题组开展的外卖行业劳动关系现状的调查数据，基于兼职就业选择理论和文献研究部分建立的研究框架，描述并推测工作经历和其他各因素对个体工作类型选择可能产生的影响，提出研究假设。第4章、第5章的数据源于中国人民大学劳动人事学院课题组2016年对U网约车平台专车司机进行的专项调查。第4章依据传统灵活就业的研究结论和观点，基于工作类型选择因素的理论框架，一是利用二元Probit回归验证上一部分提出的关于工作经历和其他各因素对个体工作类型选择影响的假设；二是探索风险偏好和家庭支持度这两个中介变量如何影响各因素对个体工作类型选择的作用；三是进行异质性检验，探索工作经历影响在不同消费类型、户籍状态下的表现差异。第5章在前一章的基础上，探讨工作经历对收入水平的影响，以及由工作经历的不同引起的不同工作类型下零工的收入差距问题。本书基于收入决定因素理论框架，运用OLS基本回归和分位数回归，在控制其他各因素的条件下，分析零工的工作经历对总体、不同工作类型下、各收入层次上零工的平台收入的结构性影响。然后，利用Oaxaca-Blinder进行分解，以考察工作经历对不同工作类型零工收入差异形成的贡献。第6章总结了本书的主要发现和结论，并进行深入探讨和提出相关政策建议，最后简略概括研究的局限性。

1.7 理论、技术、实践贡献和价值

1.7.1 理论贡献和价值

首先，区别于已有传统非正规就业和零工就业领域研究，本书重点关注工作经历对零工内部工作类型选择和平台收入水平的影响。现阶段，学界对全职、兼职问题的相关研究多集中于探讨传统劳动关系下的非正规就业领域的情况，缺乏对数字时代下的零工就业领域的平台全职、平台兼职问题的讨论。此外，零工就业的已有研究主要关注平台控制、宏观层面劳动力供给、就业量、零工身份认定、劳动保障等问题，微观个体选择研究相对缺乏，且大部分都集中于“平台对个体参与零工就业”的因果效应探讨，没有过多关注“个体工作类型选择”这个内部的细节问题，特别是工作经历在其中的影响和效用。然而，零工就业势必是未来就业市场的发展趋势，从这一角度看，除了关注“零工就业参与决策”，对零工内部工作类型选择的探索意义也非常重大。区别于传统非正规就业和现有的零工就业研究，本书从微观视角出发，探索工作经历如何对零工内部微观个体的工作类型选择和平台收入水平产生影响，为中国情境下不断变化的就业形态研究增加新的经验证据。

其次，区别于以往研究重在探讨劳动者的总收入和总福利，本书将关注重点放在个体的平台收入状况上。虽然同是平台从业者，但因工作经历差异而选择不同工作类型的个体在收入和福利上也有很大分化。同时，本书旨在讨论零工就业中是否存在“相同可观测条件下的平台全职收入回报率会高于平台兼职”的情况，进一步探索零工就业市场内部是否存在隔离。此外，为排除不同工作类型下由工作时长引起的个体的收入差异，研究采用小时收入的对数来反映零工收入水平。

最后，基于兼职就业理论和扩展的Mincer方程，本书提出了以人力资本理论为核心的零工工作类型选择影响因素和收入决定因素的理论框架，并对工作类型选择和收入问题进行实证研究。研究以人力资本理论为核心，加入了家庭联合工作决策、劳动力市场分割等理论，围绕工作经历建立了零工工作类型选择影响因素和收入决定因素的理论框架，利用传统的兼职就业研究结论探讨工作经历对数字零工就业问题的影响。

本书一方面开创性地利用劳动经济学与传统兼职就业理论观点对零工工作类型选择和收入问题进行实证研究，弥补了零工就业成熟理论不足的缺憾，同时关注传统灵活就业观点在探讨零工问题时的适用程度；另一方面，研究的过程和结论也为零工就业市场理论的建立，特别是对微观层面个体的工作经历对其就业选择行为和收入影响的探索做出了一定贡献。

1.7.2 技术贡献和价值

本书从现象层面出发，通过对现象的分析提出假设，再通过定量研究来验证现象层面的假设。

张五常教授曾说过："学问要为'真理'而执着，但'成见'避之则吉；如果每次看同样的事，仿佛是第一次遇上，那么'成见'也就不驱而散。"这里的"成见"代表已有的理论和研究结论，而"真理"则是对同一问题提出新的解释和观点。本书从现象描述入手发现并提出研究问题，大大降低了"成见"形成的可能性，也使最终的结论和认知更加接近"真理"，特别是对零工就业这个相对较新、发展较快的新领域而言，更为受用。

因此，区别于以往定量的研究方式，本书从现象层面的分析出发，先提出研究假设，再通过定量研究来验证和回答假设，更为全面地刻画零工就业中工作经历对微观个体行为和相关收入的影响。一方面，本书采用定性的方法，通过分析平台上的个体特征，探索零工就业选择的影响因素和作用机制，提出研究假设。另一方面，在探讨零工内部工作类型选择和收入的影响因素时，本书综合使用OLS、中介变量、Probit回归、分位数分解、Oaxaca-Blinder分解等方法，构建相关计量模型并进行数据测算和多角度检验。

1.7.3 实践贡献和价值

本书为我国基础、通用技能零工就业市场功能定位和其内部不同工作类型隔离等问题的政策制定提供微观证据。

数字零工就业市场属于新生市场，虽然零工就业领域的工作内容大多是传统行业的延续，但数字技术在其中扮演的重要角色对政府、企业如何解决这种基于数字平台的新型工作关系中存在问题提出了与时俱进的新要求。

我国理论界对零工就业还没有形成统一的认识框架，加之零工就业统计上的困难与相关数据的缺乏，学界对劳动者参与零工就业原因多停留在宏观层面上的定性判断，缺乏微观层面规范科学的实证探析，不能准确把握微观个体基于自身特征进行就业选择的原因，直接影响了政府对数字零工就业的功能判断和角色定位，难以提供合理的政策支撑。

由于对微观行为的分析能回答宏观数据统计不能解释的问题，本书通过研究不同工作经历的微观主体在市场上的工作类型选择和相关的收入差异状况等，判断基础、通用技能零工就业市场的功能定位、配置效率以及市场内部是否存在分割与扭曲，从而对如何处理零工就业市场密度不足、就业不平衡和收入差异、零工职业化趋势、个体职业技能培训、保障方面的“精准帮扶”和分类处理等问题有重要的政策启示。

第2章
文献综述

为了突出本书内容的价值和创新，本章第一小节和第二小节是关于传统灵活就业领域“兼职就业”研究现状与零工就业研究现状的综述；本书的基本假设是“理性选择理论”，因此第三小节是关于该理论的综述；由于核心解释变量——工作经历——是重要的人力资本之一，第四小节对人力资本理论的演进及概念的内涵和外延进行了综述[①]；第五小节在对兼职就业原因和人力资本理论综述的基础上，搭建了工作类型选择影响因素框架；本书旨在探索零工就业内部不同工作类型群体之间的收入差异问题，所以第六小节基于扩展的Mincer方程搭建了收入决定因素框架，分析了框架内以工作经历为主的收入决定因素，并对不同工作（就业）类型收入差异的相关文献进行了综述。

2.1 传统灵活就业领域的“兼职就业”研究现状

已有的灵活就业研究多集中探讨传统劳动关系下的全职、兼职问题（Conway & Kimmel，1998；Hamel，1967；Guthrie，1969；Krishnan，1990；Böheim & Taylor，2004），较少涉及数字时代零工就业中的平台全职、兼职问题探索。

早期的兼职就业实证研究着重探讨就业参与的“时间约束”动因。Shishko & Rostke（1976）最先对此进行理论和实证研究，发现第二份工

① 为了避免内容重复，关于工作经历对个体工作类型选择影响的文献放在第3章中。

作的劳动力供给随着第一份工作收入的增加而减少。同样，Hamel（1967）发现工人的收入水平决定了其兼职工作倾向，而随着收入水平的提高，兼职发生率也在下降。Guthrie（1969）对美国教师中的兼职群体进行了调查，发现实证结论与普遍看法相一致，即多重就业（兼职）主要是为了改善生活水平。此外，Krishnan（1990）发现基本工作时间的延长和收入的增加阻碍了兼职工作的进行，这促进学界进一步鼓励兼职行为而支持雇主进行工时限制的趋势。

之后的研究开始认识到不同的兼职原因和其他方面的有趣问题。例如，美国的Kimmel和Conway（1995）研究了兼职的动态变化，认为与因多重原因而兼职的人（例如，具有异质性工作组合的人）相比，那些主要因为时间约束而兼职的人有较短的“兼职溢出效应”。他们的研究发现并验证了多重就业的原因，其中最常见的是时间约束动机。此外，他们还提出，随着时间的流逝，兼职现象将持续存在，并表示仅“工时限制”并不能很好地解释兼职现象。

Averett（2001）探索了性别差异，但在导致男女从事兼职工作的因素中未发现任何实质性差异。Bell等人（1997）讨论了兼职可以作为对冲失业风险的一种方式，但未得到相关实证研究的有效支持。Krishnan（1990）研究了在家庭内部，丈夫的兼职决定是否受到其妻子工作决策的影响，得出结论：妻子的劳动参与增加会阻碍丈夫兼职概率的提升。还有学者（Demirgüc-Kunt，Klapper & Panos，2009）研究了兼职、人力资本和主要、次要工作间职业决策的动态关系，提出：多种工作机会不仅是对工时限制、劳动力市场的不确定性和金融冲击的一种暂时反应，还包括永久性的劳动力市场要素，随着时间的推移，要素可能会持续存在。此外，他们还认为，兼职工作是工作流动性的重要决定因素，与一直从事同一份工作的人相比，兼职的人更能成为自雇人士或获得新工作，他们不太可能失业或失去工作。此外，个人还可能会将兼职工作视作获取新技能和专业知识的渠道，兼职工作成为其获取新职业的垫脚石，这在自雇职业中表现明显。

2.2 零工就业研究现状

现阶段对零工就业的研究主要关注平台控制（Wajcman，2006；Gandini，2019；Rosenblat & Stark，2016；Woodcock & Johnson，2018；Cameron，2018）、宏观层面的劳动力供给（杨伟国，王琦，2018）、零工身份认定（Dokko，Mumford & Schanzenbach，2015）、劳动保障（Greenwood，Burtch & Carnahan，2017；Ebanks，2016；Farrell & Greig，2016；Lupion，Lucy & Jill，2016；丁晓东，2018）、以零工为基础的企业价值的产生和分配（Gehl，2011）、进行计件工作的可取性和公平性（Fieseler，Bucher & Hoffmann，2019；Fish & Srinivasan，2011）、工作或任务的分类方式（Nakatsu，Grossman & Iacovou，2014）等问题。同时，在劳动力供给微观视角上，大部分都集中于网络平台对从业者就业参与因果效应的探讨（詹婧，王艺，孟续铎，2018），并没有过多关注“个体工作类型选择”以及与之相关的平台收入水平这些内部的细节问题，更没有重点关注人力资本（特别是工作经历）的作用。虽然同为平台就业参与者，由于不同个体本身工作经历的区别而选择不一样的工作类型，在控制工作时长的条件下，选择不同工作类型的个体在收入、福利上也可能有所分化，之前也少有研究关注此问题。

区别于上述灵活就业研究专注于传统劳动关系下全职、兼职的探讨和已有零工就业研究多专注于就业参与决策的分析，本书旨在打开零工就业内部个体的就业类型选择“黑箱”，通过现象层面分析提出研究假设，再采用定量的实证研究方法更为全面地刻画工作经历和各影响因素对微观个体在平台的工作类型选择和不同选择带来的收入水平的影响。

2.3 基本假设——理性选择理论

14—16世纪的文艺复兴运动和17—18世纪的启蒙运动彻底解放了人类思想，使人们从对神学的盲从逐渐转变为对人的本质的重视，彻底打破了中世纪封建等级思想的束缚。在这两次思想解放运动的影响下，人们在反封建的同时，渐渐开始思考自身的本质和“理性”的意义，主要集中于人类行为是否理性的探索。

传统经济学理论以人的理性行动假设占主导，即个体在一切经济活动中的行为都是理性的（谢舜，周鸿，2005）。亚当·斯密指出，人的行为都是理性的，以期用最小的牺牲满足自身的最大利益需求，总是会在面对各项利益时进行比较，并从中做出实现自我利益最大化的选择（黄鹏进，2008）。斯密曾提出，“看不见的手”（市场）在个体的利益追逐过程中，通过无形的调节会使整个社会富裕起来（李广海，2007）。新古典经济学家丹尼尔·贝尔（1988）提出，个体行为都是合乎理性的，能够获取足够充分的关于周围环境的信息，根据其所获取的信息进行分析，并按照最有利于自身利益的目的做出选择，旨在实现最大效用和利润，该论点继承并且发展了古典经济学家的理性人的假设（苏治，2011）。

社会学领域在对人类社会行为的研究中，试图通过分析个体采取合理性行动的环境和动机，探索个体合理性行为的范式（李凤翔，2014）。“个体为何不做出选择”是社会学视角的主要关注方向，理论同时暗含着个体行为是理性还是非理性的预设，强调宏观社会结构对人行为的决定性作用（Alexander，1987）。

自20世纪50年代以来，社会学学者们逐渐将经济学的理论方法应用到社会学研究中，在此基础上提出了理性选择理论（Rational Choice Theory），其核心论点是个体总是在通过理性行动满足自身偏好的同时实现效用最大化。理性选择理论开始被广泛应用到社会生活领域的研究：Olson（1971）将理性选择理论用于分析集体行动，Becker（1976）用该理论分析政治、法律、犯罪、婚姻、家庭等社会现象。Coleman（1990）提出了社会行动论，其所著的《社会理论的基础》（*Foundations of Social Theory*）促进了理性选择理论在社会学领域的发展，使之成为社会学研究的主流。

上述观点中的“经济人”和“理性人”都是以“理性”作为前提追求自身利益的最大化，都具有“个体行为受理性支配”的共同假设。基于行动系统视角，Coleman（1990）认为“行动者”和“资源”之间存在“控制”和“利益”的关系，资源交换是行动者用来满足彼此利益的途径，由此形成了一切行动系统的基础——基本的行动。他认为行动权并非简单的个人行为，理性行为是为了达到一定目的而通过交换所体现出来的社会行动，在这个过程中要考量对目的有影响的各因素（Coleman，1990）。然而，“经济人”和“理性人”的基本假设和研究侧重方面有所差异：前者是根据自身稳定的利益偏好在各种行动中做出最优选择，侧重于探讨个体如何做出选择，强调个体选择利益和效益最大化的理性行动和结果分析；后者则强调个体行动受到的社会环境和结构的制约，研究个体的理性选择组合如何影响社会制度结构以及制度结构如何对社会系统行为造成影响，实现宏观与微观的连接，以微观个体行动作为研究起点，最终旨在实现对宏观社会系统行为的解释。

此外，理性选择理论中的“理性人”也并非帕森斯提出的“社会人”或韦伯认为的“组织人”，其核心是“个体以理性的行动来满足自身偏好，并实现效益最大化”，这里的“效益”并非局限于经济领域，还包括政治、文化、社会、情感等诸多因素。因此，“理性人”的价值取向并不限于经济利益的实现，同时涵盖了其他内容，例如社会公平、自我实现、利他主义等。

“经济人”和“理性人”都承认个人行为受其“理性”支配，“理性人”视角补充了“经济人”假设，并同时关注制度、文化等因素对个体偏好和行动的影响，视个体行动和社会结构为一个动态的统一的过程。

“资源稀缺性”与“理性行为假设”是数字零工经济形成的基本假设之一，主要指资源具有稀缺性，决定了劳动者的行为必须是理性的，总是在特定的约束条件下在各种可能的选择中，做出最有利于其目标实现的最佳选择。资源的稀缺性让资源最优配置和充分利用符合所有个人以及社会总体的利益。零工个体即“理性人”，他们做出的就业选择都旨在实现自身经济或非经济方面的效用最大化，选择行为不仅受到个体人力资本、社会资本、物质资本、自身偏好等方面的影响，同时会受到政治条件、经济条件、文化条件和社会制度条件等外在因素的制约。

2.4 人力资本理论

2.4.1 人力资本理论的演进

斯密（1972）认为，人的能力主要是在后天实践中不断得到开发的，并将个体通过教育和实践获得的生产技能归入资本，实质上就是第一次明确提出了“人力资本”的概念（张凤林，2011）。此外，斯密（1972）还指出，这种资本生产的产品会增加国民财富，但过程中要付出成本才能获得投资收益。此后，大量学者也通过各种方式提及“人力资本”的概念。萨伊（1963）指出，由于人的技能获取需要耗费成本，与此同时这又能增加生产力，所以应当被看作“资本”，除了意识到人力资本是过往投资所累积的结果外，也提出劳动者报酬不仅包括一般工资收入，还应涵盖人力资本投资回报的“利息”（赵红梅，2007）。和斯密一样，穆勒（1991）也看到了不同的人力资本投资机会会带来收入分配的差异。麦克库洛赫（1975）更为明确地描述了人力资本概念，提出人和资本无本质区别，因为“资本不是别的，只是过去劳动产物的累积”。李斯特（1961）更是将个体获得技能视为“一国资本存量中最重要的组成部分”。

19世纪70—80年代到20世纪30—40年代是新古典经济学时期，资本理论被纳入资源最优配置的均衡分析体系，变得更加微观和程式化，人力资本的概念和思想在这一时期也得到了长足发展（张凤林，2011）。瓦尔拉斯、马歇尔和菲歇尔为人力资本理论的发展做出了重要贡献。瓦尔拉斯（1989）将劳动、土地、资本生产三要素解读为人力资本、土地或自然资本以及物质资本，拓宽了资本的概念。马歇尔（1964）虽然没有明确承认人力资本的概念，但他指出“一切资本中最有价值的莫过于人身上投资的资本”，并将教育视作人力资本投资的重要功能。此外，他还提出了企业人力资本的两大范畴：通用性人力资本和专用性人力资本。菲歇尔（1999）提出，资本特指某个时间点上财富的存量，收入则是指在某段时期内财富和服务的流量。因此，存量财富或者生产要素都属于资本的范畴，劳动力也就成为资本，劳动力所提供的服务为其创造了收入，这种提法将人力归入资本的范畴。

20世纪50年代以来，人力资本理论成为现代经济学的独立分支，在理论初创期，Schultz（舒尔茨）、Becker（贝克尔）和Mincer（明瑟）从不同领域出发共同奠定了现代人力资本理论的基本框架体系。Schultz在1960年发表的“论人力资本投资”演讲，是现代人力资本理论诞生的标志（汤勇，2012）。Schultz（1961）主要从经济发展（特别是农业发展）的视角来探索人力资本理论，提出“土地本身并非导致贫困的关键因素，‘人’才是……改善人口质量的投资，可以改善穷人的福利和经济收入”。Schultz（1961）强调要树立一种“完整的”资本概念，认为物质资本和人力资本同样重要。劳动并非简单匀质的生产要素，而是异质性的人力资本，通过人力资本投资能够使人的生产能力产生差异。他最先描述了人力资本投资的范围和内容，包括医疗保健、职业培训和非正规教育、正规教育、技术培训以及个体或家庭旨在变换就业机会的迁移等，他定义人力资本为“凝聚于劳动者本身的包含知识、技能、职能和体力价值的总和，其本质属性是能够产生递增收益”（Schultz，1984）。在此基础上，大量实证研究证明了人力资本对劳动力和社会的市场化及非市场化收益。Mincer（1962）认为，个体的身体健康、工作能力以及土地是生产的主要要素，将人力资本理论及其相关的分析方法应用于劳动力市场行为、家庭决策等问题的探索和研究中。在其博士论文中，Mincer（1957）首次用人力资本投资的方法来探索个体收入分配问题，他基于个人理性行为的假设，提出个体基于收入最大化而进行不同的人力资本投资决策，从而影响其收入分配。这篇论文实际上受到了弗里德曼思想的影响，强调个体选择对收入分配的影响（Nerdrum，1999）。此外，Mincer还将家庭经济活动和市场活动结合在一起，从两种活动的替代关系出发分析了已婚女性的劳动力供给决策问题；他用工作经历间歇性引发的经历年限减少来分析和探索女性收入普遍低于男性收入的现象；他还用职业培训的差异分析不同国家劳动者流动行为的差别。Becker（1964）则为人力资本理论建立了一般性的分析框架和理论基础，将人力资本理论发展成了确定劳动收入分配的一般性理论，推动了人力资本书范式的迅速发展（王宏昌，林少宫，1997）。

到20世纪70年代中期，大量学者投入到对人力资本理论的探索中，主要围绕以下问题进行（Fitzenz，2000；Lucas，1988；Lucas，1990；张凤林，2011）：人力资本投资收益率的问题、个体能力偏差问题等。其中，关于能力偏差的讨论认为，由于个体能力存在差异，能力大的人会比能力小的人收入更多（张凤林，2011）。

之后的几十年来，人力资本概念和分析方法被广泛运用于其他理论分支的研究和探索：教育经济学用人力资本分析来探索关于教育投资收益率的分析、教育资源的配置、教育投资和收入分配关系等问题；家庭经济学引入了人口质量因素和家庭内部决策的成本-收益分析法。

2.4.2 人力资本的内涵和外延

现代资本理论认为“资本”是指经济过程产出的生产要素，在人力资本理论中，人被视为提高生产率的资源（Aliaga，2001；Becker，1993）。“人力资本”作为大量研究的一个重要理论组成部分，被广义地定义为“用于生产商品和服务的人的个体或集体的知识（knowledge）和物质属性（physical attributes）”（Schultz，1963；Becker，1964）。Becker将人力资本描述为一种生产功能（能力），若希望不断提升自身的能力，劳动者就需要将当前可消费的部分资源用于提高自己的智力、体力或其他能力的投资，例如经历累积、教育、培训、医疗保健等（Becker，1964；Aliaga，2001），并通过提高收入或获取有声望的职业等就业成果获得更多产出。因此，人的能力作为经济投入的一种产出形式可以被称为“人力资本”（张凤林，2011）。

人力资本的范围和多样性影响着劳动力个体理解信息、行动和进行人际交流的能力（Stroombergen，Rose & Nana，2002）。根据Coleman（1990）的观点，个体的人力资本与其技能（skills）和能力（capabilities）有关。因此，在劳动力市场上人力资本的有效利用与教育的投资、工作经历的累积和技能的建立密切相关（Becker，1964；Schultz，1963）。同样，由于人力资本与创造生产成果的能力有紧密联系，因此，具有更多才干、技能和能力的个人有望在劳动力市场上处于更有利的地位。

除技能和能力外，个体特征的其他方面，如身体、情感和心理健康（健康状况）等，也被视为重要的人力资本（Healy & Cote，2001）。早在20世纪60年代初，Mushkin（1962）就提出了健康是一种资本的理念，中国学者张凤林（2011）也认为健康不仅是一种消费品，也是一种投资品（即一种人力资本）。从保健活动和健康消费的角度出发，健康是一种个体效用函数的最终消费品。然而，从生产、经济活动和生产能力视角出发，健康则是一种投资品。劳动者是生产者，同时又是消费者，个体是否健康成为其可用于生产活动的时间和单位时间效用的决定因素，即健康状况越好、水平越高的劳动者，不仅可拥有更长的工作时间，其在单位时间内的生产、工作效率也越高。张凤林（2011）将人力资本划分为：表现为体力、耐力和寿命长短的“体能或身体素质”；表现为知识水平、职业技能、认知能力、创新能力等的“智能或科技文化素质”；表现为道德水准、意志品格、生活态度和心理状态等的“道德素质”。Becker（1993）指出，有些员工比其他员工生产力更高，因为他们不仅具有更好的教育和技能，而且具有更好的健康状况。一般而言，在实证研究中，将教育、工作经历（Becker，1964）和健康状况（Becker，1993）用作人力资本的量度。

2.5 工作类型选择——兼职就业理论

2.5.1 兼职就业的原因——“时间约束”和“工作组合”

在传统非正规就业选择研究中，大部分人侧重探讨劳动力供给方因素（supply-side factors）在就业选择中的作用，例如个体偏好和选择（Taylor，2017），也有部分人着重探索需求方因素（demand-side factors）的影响，例如雇主导向的灵活性和非金钱利益等（Briken & Taylor，2018；Koumenta & Williams，2019）。

从标准的劳动力供给理论（Standard Labour Supply Theory）出发（Killingsworth，2009），经济学家们认为个体选择兼职的主要目的有经济和非经济两种（Conway & Kimmel，1998）。前者主要是雇主对劳动者工作时间有严格限制，导致其主要工作（primary job）收入不足以满足个人或家庭的需求造成的，强调个体从事第二份工作的主要原因是需要额外收入（additional earnings）支持不断提高的消费水平；后者主要包括了大量的非经济因素（与经济收益没有直接关系的因素）：建立新的事业发展渠道、降低失业风险、自我满足和自我价值的实现等（Preston & Wright，2020）。

基于以上研究，学界对个体兼职原因的推断主要有两类观点：一类观点认为，劳动者因为（主要工作存在）“工作时间约束”（hours constraints），为了实现经济目的而选择兼职。根据工作-闲暇理论（Labour-Leisure Theory）（Kimmel & Conway，1995），工人倾向选择与闲暇相对的最佳工作量，但是在一项工作中能否实现最佳工作量取决于工人是否面临源于雇主的工作时间约束，促进兼职的动力来自缓解工时限制（通常会转化为收入限制）的影响。另一类观点认为，在不受时间约束的情况下，劳动者为了实现非经济目的为主的效用最大化，创建从广泛意义上提高工作满意度的最佳“工作组合”（job portfolio）（Allen，1998；Böheim & Taylor，2004）。也有人认为个体选择兼职是因为上述两种观点的共同作用。

“工作时间约束”论认为个体在第一和第二职业上的劳动力供给决定均基于效用最大化行为（utility-maximizing behavior）。受时间约束的雇员在其主要工作中的工作时间少于为达到效用最大化的最佳收入水平所需的时间（Conway & Kimmel，1998；Hamel，1967；Guthrie，1969；Krishnan，1990；Böheim & Taylor，2004）。一般地，如果公司要求的工作时数要比工人能够实现自身效用最大化的最佳时数少，则理性个体就会在第二份工作提供高于其保留工资的条件下，选择在第二份工作中兼职（Renna，2002）。

早期的实证研究集中探讨时间的约束效应，多表明由于第一份工作时间的限制，“兼职”是个体满足其经济和财务需求的必要条件。之后的实证研究证明，主要工作的收入或负面财务冲击与双重就业之存在负相关关系（Hamel，1967；Guthrie，1969；Krishnan，1990；Böheim & Taylor，2004），但是，实行最低工资标准对双重工作岗位的发生率几乎没有任何显著影响。Renna和Oaxaca（2006）研究发现，次要工作的劳动力是随着主要工作每周工作时间的减少而增加的。

然而，也有关于兼职创业研究的文献提出，并非所有收入紧张的个体都会通过兼职创业来获取额外收入，部分人更希望全职（Folta，2010）。有研究（孙秀娟、段锦云、田晓明，2014）显示，工资收入水平低的人并不一定兼职创业；然而，若兼职创业的边际成本较低，高收入、高能力的个体也可能通过兼职创业获取额外收入。

美国大约有45%的工人是有固定薪资的，而不是按工时支付，此外，带薪工作通常没有明确的工时限制（Husain，2014）。Averett使用1991年5月的CPS进行研究，发现从事非管理/专业工作的女性更有可能受到约束，但Wu发现英国的兼职现象并不支持主要工作时间的限制是个体拥有双重工作的原因（Husain，2014）。Wu使用英国家庭追踪调查（British Household Panel Survey）的测度来衡量个体对工作时间的满意程度，发现对主要工作满意的人从事第二职业的可能性更大而不是更小（Husain，2014）。

"工作组合"论认为，劳动者在没有工作时间约束的条件下能够自由选择在主要工作中工作多久。然而，相较于受到约束的群体，没有约束的人选择参与第二份工作的可能性实际上会更高（Allen，1998；Böheim & Taylor，2004）。个体兼职的原因不仅来自工资和薪酬，也源于其为了提升工作满意度或工作质量，更愿意将时间分配给两份不同的工作或职业，主要形式包括：自主选择全日制或非全日制办公；自主选择是否签订固定合同；工作稳定性；工作多样化以及获得在职培训等（Schwarze，1991；Smith，Conway & Kimmel，1998；Böheim & Taylor，2004；Choe，Oaxaca & Renna，2018）。在此基础上，Renna和Oaxaca（2006）根据个人对工作差异性和多样性的偏好建立了"工作组合模型"。在工作组合模型中，人们拥有多个工作不是因为他们的第一职业受到市场的限制，而是因为他们对工作的多样性和差异性具有个人偏好，这源于各种动机（附带利益、建立声誉、工作保障、降低风险、自我满足等），是否兼职是一个关于如何在两个替代活动之间分配工作时间的选择（Renna，2002）。例如，鉴于第一份工作的就业或收入存在高度不确定性，工人可能会选择第二份工作作为保障。或者，由于匹配不佳而希望转行的工人，可将其第二份工作视为在职培训的一种方式，以促进效用的提高（a utility-enhancing move）。Heineck和Schwarze（2004）发现“异质性工作”动机（a “heterogeneous-jobs” motive）是个体选择第二份工作的原因。通过德国和英国的面板调查，他们发现在兼职劳动者群体中超过15%的劳动者只是简单地享受第二份工作，有10%~15%的人正在积累创业经验，还发现为了获得所需的人力资本，个体需要从事多种不同的工作。Kimmel和Conway（1995）指出，劳动者同时拥有两份工作是因为第二份工作为其提供了不一样的非经济收益。早期研究试图区分经济利益和非经济利益动机的相对重要性，但目前的研究倾向于将“无偿工作”（working for no pay）视为自主选择行为，而最近，关于兼职就业的研究集中在兼职行为对个体职业发展的影响上，也有人探索了兼职对个体健康结果的影响（Demirgüc-Kunt，Klapper & Panos，2009）。

对兼职选择进行分析的标准理论框架是通过加入工时约束直接对静态劳动闲暇模型（the Static Labor-Leisure Model）的直接扩展。Shishko和Rostker（1976）认为，无法在自己的主要工作上花费尽可能多的时间的劳动者，为了实现效用最大化，可能会更容易从事第二份工作，他们得出了一组可验证的结论，之后又由Smith、Conway和Kimmel（1998）以及Böheim和Taylor（2004）进行了修改。简而言之，静态理论假设：

第一，受到较高时间限制的个体会从兼职中获益，因为实现了其更高的效用利用程度，结果是第二份工作的收入会比第一份工作的收入低。

第二，受到较低时间限制的个体也会有兼职倾向，如果第二份工作的收入至少能维持个体的效用利用程度的话。在这样的情况下，第二份工作的收入会高于第一份工作的收入。

第三，若个体能在第一份工作中自由选择工作时间，情况又会有所不同。“异质性工作”观点主要强调非薪资收益在两份工作中的重要性。这样，第二份工作的收入有可能比第一份工作的收入高或者低。较为典型的例子有，有正规职位的音乐家为了得到更多的保障等原因，会愿意额外接受一份较低收入的工作（例如在酒吧演奏的钢琴家）；在大学就职的教授为了寻求更高的社会地位或者业界名声可能会选择额外从事一份高于现有收入水平的咨询工作。

之后，标准模型被扩展，Schwarze（1991）在研究用工作组合实现个人效用最大化的函数中加入了主要和次要工作的工作质量（job quality）因素。他提出，改善第一份工作的工作条件是否意味着兼职概率的增加，取决于工作质量的提高是否会带来更高的闲暇边际效用。这样的话，兼职将减少，但也可能主要工作的工作条件变差的事实增加了个体业余时间再工作的需求。类似地，假设劳动者工作条件得到改善，那么可能就不需要那么多的闲暇用以缓解压力，则兼职的情况可能会增加。

综上，“时间约束”观点主要强调个体在第一份工作有时间约束的情况下，为了发挥最大效用而在多余的时间中从事其他工作。“工作组合”观点认为：处于没有时间约束的环境中，个体在替代活动之间分配工作时间，创建从广泛意义上提高工作满意度和实现效用利用最大化的工作组合。二者均基于个体效用最大化原则，但区别在于前者存在工时限制。

2.5.2 工作类型选择的影响因素研究框架

已有的兼职就业理论实质是将个体选择不同工作类型的原因解释为“旨在实现自身效用最大化（utility maximization）”的选择结果，区别在于主要工作中是否存在工作时间的约束。

通过对外卖骑手的观察和访谈，本书发现具有不同工作经历的个体在平台的工作类型选择是有差异的，且大部分平台全职者的收入高于兼职者。在回答“您为什么干外卖？”这道多选题时，分别有55.41%和37.04%的骑手表示是为了增加收入和养家糊口，但也有23%的骑手同时表示自由灵活度高也是主要原因。由于就业参与和工作类型选择是在同一时间发生的，即个体在决定参与平台就业的时候就已经做好了以何种类型就业的选择，因此，一定程度上可以推测个体选择不同工作类型的时候同时考虑了“经济约束”和“工作组合”，无论有无时间约束，实质上都是为了实现自身效用最大化。

本书主要探索在实现效用最大化的工作类型选择时，理性行为个体的工作经历如何影响选择结果和与之相关的收入分化。因此，从供给侧出发，以人力资本理论为核心，本书建立了零工工作类型选择影响因素框架，以探讨个体在平台的工作类型选择行为，旨在控制其他因素的条件下，讨论两种不同的平台工作类型各吸引了具有何种工作经历的群体，以及其作用机制如何。

劳动者的工作类型选择可被视为个体人力资本、社会资本和其他个体特征等因素共同作用的结果（Becker，1964）。本书主要基于人力资本理论，此外，家庭联合工作决策、劳动力市场分割理论等也被纳入本书框架，探索具有不同工作经历个体的工作类型选择行为，以及与之相关的收入水平和收入差异问题。

从人力资本理论视角出发，劳动者所做出的工作选择都是为了实现其人力资本的投资收益。因此，在控制其他因素的条件下，劳动者人力资本（投资）的多寡是其工作选择行为、收入变动以及差异产生的主要原因（Becker，1964；Schultz，1963；Mincer，1989）。工作经历和教育作为累积人力资本的重要途径会影响个体就业行为（包括工作类型选择）（Becker，1964；Schultz，1963；Mincer，1989）。然而，大部分已有研究中的工作经历通常用时间衡量，并不包括其他方面，即并不关注工作经历给劳动者带来的客观结果、主观感受以及工作经历向上述结果转移的背景环境和背景事件。本书重点将工作单位的类型、行业的性质、有无负面求职经历等因素纳入框架，作为核心解释变量，全方位、多视角地刻画不同工作经历对个体就业行为的影响。

然而，仅从人力资本理论视角出发，并不足以解释个体工作类型选择的复杂问题，该视角只体现了理性行为主体试图最大化其行为效用的结果，并假设劳动力市场竞争是完全的，人力资本在竞争中是最为重要且近乎唯一的因素（Gerber，2006）。劳动力市场分割理论否认了市场的完全竞争性（Doeringer & Piore，1971；章莉、李实、Darity等，2016），一系列非市场因素（例如法律、制度等）都会对就业行为和结果产生影响。在中国，户籍制度的存在成为影响个体就业选择行为的一个重要因素，因此，本书将“户籍”变量纳入分析框架，控制了户籍状况因素。

此外，作为劳动力供给决策的基本单位，家庭因素也需考虑。为了追求整个家庭效用最大化，在考虑如何分配劳动力市场工作、家务劳动和闲暇时间时，家庭成员需要综合考虑其他家人的行为反应（Neil，Mark & Morlock，1982），即家庭联合工作决策。家庭生活和劳动力市场工作都需要专业化分工才能创造较高的收益，而家庭中的专业化分工涉及家庭成员的角色。一般地，夫妻双方中的一人会承担更多的家务，即使两人都从事劳动力市场的有酬工作，其中一方也会承担较多的家庭工作。劳动生产率的高低是影响家庭工作决策的重要因素。在收入约束的动机中，不仅第一份工作收入成为一个相关因素，而且来自家庭的财务需求也成为一个相关因素。据推测，是否以及如何扩大家庭预算的同时做好相应的时间安排取决于个体的家庭状况。例如，在家庭成员失业的情况下，可能需要参与第二职业以确保家庭收入。当然，有子女或者无业配偶会增加劳动者的财务需求。生孩子会减少可从事有偿工作的时间，这个影响对单亲父母尤为显著。此外，针对特定家庭的税收规定可能会提供激励措施以增加劳动力供应（Sabine & Enzo，2020）。本书的家庭因素特指孩子数量和婚姻状态，这两种因素会对个体工作类型选择产生影响，因此被纳入研究框架。

人力资本理论从个体的微观层面提出了劳动者行为的决定因素，劳动力市场分割理论则强调社会制度等因素影响的重要性。综合上述理论，通过对已有文献的研究以及大量访谈中提取的关键词，本书主要探讨工作经历对工作类型选择的效用，同时控制了个体的受教育水平、户籍状况、性别、婚姻状况、子女数量、消费类型等变量。

2.6　收入决定与收入差异

2.6.1　收入决定因素研究框架

Mincer（1957，1958）率先就人力资本中的工作经历和在职培训对收入的影响进行了探索，他用模型分析了工作经历和在职培训影响个人收入差异的机制，以及该机制如何决定收入差异，这成为劳动经济学研究的基础。Mincer在1958年发表的一篇文章中，以收入与年龄之间的线性关系为假设，得出了我们现在所说的“经历-收入”（an experience earnings profile）关系的概况，并在后来的工作中强调了年龄和工作经历之间的重要区别，以及“工作经历时间-收入”之间的凹型关系。

1974年，Mincer出版了他的经典著作《学校教育、经历和收入》（*Schooling，Experience and Earnings*）。从真正意义上讲，这本书扩展了他早期的研究（尤其是1957年和1958年的研究）。在这项研究中，Mincer表明，“除了正规教育外，毕业后（post-school）的（人力资本）投资（包括工作经历）也应纳入收益函数中”，并定义为人类资本收益函数（Mincer，1974）。

本书利用扩展的Mincer方程解释工作经历对平台全职和平台兼职个体的收入水平及二者之间的收入差异的影响，并将制度、家庭、人口学等因素引入收入模型中，推测包括工作经历在内的人力资本、社会制度、家庭因素和人口学因素的综合作用是产生个体在不同工作类型下收入差距的原因，主要关注工作经历对收入的影响，同时控制个体的受教育水平、婚姻状况、子女数量、性别、户籍制度、消费类型等变量。

经典人力资本理论框架认为，劳动者的潜在薪资会随其人力资本的提高而上升，薪资的提升又促进了个体主动延长其工作时间（Bardasi &

Gornick，2000）。已有实证研究多侧重探讨人力资本对个体求职和收入的正向影响（Trostel，Walker & Woodley，2002；Maurer-Fazio & Dinh，2004；李实，丁赛，2003；姚先国，张海峰，2004；侯风云，2004）。

然而，因为劳动力市场的非完全开放和非完全竞争性，社会制度、工作搜寻成本、交易成本、公司性质、劳动者的能力和士气的不确定性都会影响市场机制的有效发挥（Doeringer & Piore，1971）。在中国，户籍制度的限制成为影响个体劳动力市场收入水平的一大因素，相较于非本地户口者，有本地户口的人更容易获取收入相对较高的工作。因此，本书控制了制度层面户口机制的影响（章莉，李实，Darity等，2016）。

此外，人力资本差异带来的收入差异主要来源于个体特征的异质性，家庭因素也会影响个体的收入水平。因此，本书还控制个体的家庭因素（婚姻状况、子女数量）和人口学因素（性别）及其带来的影响。[①]

2.6.2 收入决定因素分析

上一部分建立了平台收入决定影响因素的研究框架，此部分主要基于该框架，就各因素对收入的影响分别进行文献回顾，除了工作经历以外，还包括受教育水平、户籍制度、婚姻状况、子女数量、性别、运营成本、消费类型和城市固定效应等。

2.6.2.1 工作经历与收入决定

在现阶段的相关研究中，多数学者认为：工龄（工作时间）越长，个体薪资越高，呈线性增长，即工作收入与工作时间显著正相关（Meng & Kidd，1997；Knight & Song，2003）。相关实证研究（Mincer，1974）验证了以上结论，即工作时间越长的个体经历越丰富，收入水平可能越高。也有学者（Bardasi & Gornick，2000）指出，因为非工作的闲暇时间

① 此处旨在提出研究框架，收入决定的具体因素分析见下一小节。

（leisure：time out of paid work）通常被赋予“好”的意义，有更多人力资本、薪资较高的个体很有可能会选择较短的工作时间以获得工作生活的平衡，意味着他们的收入可能在一定程度上较低。部分实证研究证明，收入和工作经历时间的关系在某个阈值以下可能保持正相关，一旦工龄超过该阈值后，由于人力折旧与老化等因素又会转而下降，二者之间从而呈现出倒U形关系。技术水平要求比较高的行业，个体收入随工龄的上升持续增长得越久，而要求基础技术水平或更依赖于体力的行业，个体收入转而向下的极限点会来得更早一些。

由于外卖和网约车工作对劳动者的体力都有一定要求，本书推测零工的工作时间与平台收入水平（回报率）之间呈倒U形关系，个体平台收入水平随工作时间的增加而增加，到达某阈值以后，受到身体健康条件下降、风险偏好降低等因素的制约，收入水平随工作时间的增加而下降。

除了工作时间以外，本书还关注个体是否有国有企事业单位工作经历、是否来自产能过剩行业和是否有负面求职经历。

传统上，国有企事业单位通常会提供更稳定的工作和收入、更全面的保障和福利待遇，劳动者会更适应这种稳定且保障性较强的“铁饭碗”文化（Bell，2013）。一般情况下，国有企事业单位员工的收入水平不会受其劳动表现的影响，很难激发个体工作的主观能动性、创造性以及不断提高自身技能水平的动机，最终影响到劳动生产率的提高。受过“铁饭碗”文化影响的个体进入零工就业后，很可能依旧保持在国有企事业单位中的工作习惯。零工平台按件计酬的方式决定了这样的工作习惯可能会导致个体收入水平的降低。然而，2015年供给侧结构性改革以来，特别是数字经济时代下，部分诸如传统制造业国企的资源、政策等优势不再，无法给员工提供更稳定、更有保障的工作与收入，也就不存在“铁饭碗”和单位制的影响。因此，在数字零工就业中，特别是生存型个体占大多数的基础、通用技能平台上，国有企事业单位的工作经历对平台收入水平的影响可能不再显著。

产能过剩行业的工作往往技能要求较低，个体在其中工作简单、重复，在离开原岗位后，所拥有的技能很难迁移到其他技能要求较高的就业领域（李晓曼，孟续铎，2017），与现代化生产需求“失配”。现代化生产新时期，零工就业成为一个安置产能过剩行业劳动者的重要渠道，来自产能过剩行业的劳动者虽然能够进入外卖、网约车等技能要求较低的平台，但其适应力和生产力很可能会低于没有相关经历的个体，因此平台收入也就相对略低。

负面求职经历对收入的影响可能来自两方面：一方面，负面求职经历会给劳动者带来就业中的负面情绪（Kumar，Irudayaraj & Jomon，2014），影响其在后续工作中的生产力，从而降低其收入水平。另一方面，个体产生负面求职经历的原因比较复杂，也许源于劳动力市场的结构性制约、行业的性别歧视、户口歧视、个体缺乏社会（关系）网络、自身技能落后等（Carr，1996；Buttler & Sierminska，2019）。若源于本身技能水平等因素遭受歧视，则可以推测其生产力会较低，收入也会受到影响。因此，本书推测，相较于没有相关经历者，有过负面求职经历零工个体的平台收入水平会略低。

2.6.2.2 其他因素与收入决定

(1) 教育

可以确定的是，教育作为衡量人力资本的核心变量之一（如完成学业的年数）和收入（如小时工资率）之间存在很强的正相关关系，但教育也可能与个人对工作的非经济利益的观点或态度相关（Preston & Wright，2020）。Schultz（1961）认为，正规教育和在职培训等通常被认为是消费的事情，实际上是人力资本投资，都旨在提高人们的工作质量，并最终提高劳动者生产率，从而增加个体收入水平。Becker（1971）提出，个体在劳动力市场中的价值与通过金钱、时间和个体资源的投资获得的工作所需技能有关。此外，教育投资是通往社会经济流动的必经之路，其他许多研究也为以上结论提供了经验支持（Wolverton & Epley，1999；Robson & Wallace，2001；X. G. Wu，2002；Tomaskovic-Devey & Skaggs，2002；Reid & Rubin，2003）。

本书推测，受教育水平较高的劳动者，其平台收入要比受教育水平较低者高，但对于基础、通用技能平台，过高（硕士研究生及以上）或者过低（中专、初中及以下）的受教育水平的影响可能不显著，因为过高或过低的受教育水平都可能与平台工作不完全适配。

（2）户籍制度

基于户籍制度的分割，没有本地户口的劳动者，特别是较低技能者大多是在遇到就业障碍后才转入零工就业，这部分人可能更珍惜平台就业机会而更努力工作，且由于连续工作时间更长，累积的相关经验会更丰富，则其特定类型平台收入也会更高。相反，有本地户口的人有可能已在正规或其他就业领域中找到相对稳定的工作后又选择同时在平台兼职，在平台工作投入和付出会较少，平台收入可能也就会较低（Chai & Chai，1997；Huang & Clark，2002；Huang & Jiang，2009；Logan，Fang & Zhang，2009；Y. P. Wang，Y. L. Wang & J. S. Wu，2010；W. P. Wu，2002；W. P. Wu，2004；李国光，2007）。

（3）家庭因素

抚育子女的数量也是产生收入差距的原因之一，会影响个体的就业决策，特别是女性的工作类型选择更容易受到来自“是否拥有子女”和“子女数量”的影响。拥有子女数量越多的司机，需要花费更多时间照顾子女和支持家务，从事有偿工作的时间会降低，所以其薪资水平很可能低于无子女的人（Bardasi & Gornick，2000）。此外，实证研究证明，拥有子女比没有子女的女性更容易接受低薪工作，子女数量和从事低薪的可能性正相关（Bardasi & Gornick，2000）。在多数英语国家，未进入劳动力市场的女性选择从事有薪工作的可能性随其抚养子女责任的上升而下降，对于那些已经参与到劳动力市场中的女性，她们从事有薪工作的小时数也会随其抚养子女责任的增长而下降（Connelly，1991；Leibowitz，Arleen，Jacob，et al.，1992），所以，本书推测平台上个体拥有子女数量越多，平台收入水平可能越低。

（4）人口学因素

同等条件的女性收入水平通常低于男性（Campbell，1988），特别是在中国情境下，相同条件的女性收入普遍比男性低，即性别工资差距歧视是存在的（孙敬水，黄秋虹，2013）。劳动力市场分割理论认为，高层次的工作需要更多的知识和技能。一般而言，女性所做的工作并没有过多强调正式技能，而男性通常在层次较高的专业和管理岗位就业，女性则主要从事一些低技能的普通工作（Doeringer & Piore，1971；Osterman，1975），因此，女性收入会低于男性。相关实证研究也验证了以上结论（李实，张平，魏众，2000）。1995到2002年间，中国劳动力市场中的女性收入劣势有增强的趋势，男性数比例较高的家庭人均收入水平高于女性数比例高的家庭。然而，如果女性劳动者拥有较好的教育背景、培训经历、工作经历，则能够在高层次的工作中获得比低层次工作更多的经济收益。因此，女性进入高层次工作能够有效减少性别收入差异。然而，本书的基础、通用技能平台对个体的体能要求较高，男性在这方面比女性有优势。本书推测，相较于女性，在类似外卖、网约车等有一定体力需求的基础、通用技能平台上，相同条件的男性零工收入水平会较高。

（5）消费类型

生存型消费者的收入主要用于支持生存开支，这部分人往往更依赖平台收入（Deci & Ryan，2008）。本书中，虽然生存型消费者的收入更依赖于外卖、网约车平台，但生存型零工的技能水平、工作适应性和效率仍可能低于发展型个体，平台收入水平也会相对较低。因此，本书推测，发展型零工的平台收入会高于生存型零工。

2.6.3 基于不同工作类型的收入差异

关于兼职就业领域的收入差距问题，研究者多集中于探讨兼职群体内部的收入差异（Krishnan，1990；Averett，2001），例如兼职群体中的性别收入差异等问题，而较少关注兼职和全职之间的收入差异。针对工作经历的影响，多数已有研究旨在探索工作经历的收益回报，即经历对个体收入的影响，而较少讨论具有相同工作经历的个体在不同工作类型下的收入水平，以及工作经历对不同工作类型个体收入差异形成的效用和贡献，特别是在零工就业领域此类研究更为鲜见。

人力资本理论的关键假设是（Mincer，1957，1958，1974）：劳动者经济绩效的差异主要是由于其人力资本投资的差异所致，人力资本投资的变动可以用来解释个体收益的变动，个体收入差异产生的原因主要是个体的人力资本差异，受教育水平、工作经历、在职培训等人力资本存量是显著影响其生产力和收入水平的重要原因。Schultz（1968）最早利用人力资本理论来解释在经济增长中除了资本和劳动以外的要素；Mincer（1957，1958）第一次用模型分析了工作经历和在职培训影响个人收入差异的机制，以及该机制如何决定收入差异，这成为劳动经济学研究的基础。1974年，Mincer指出个体人力资本主要包含教育、培训和经历，并用Mincer方程解释人力资本对个体收入差异的影响。

根据Mincer（1957，1958）的分析，在一个职业内，收入差异会随着年龄增长而增加，并且这种特征在技能要求比较高的职业中更为明显，无论该技能是在学校还是在工作经历中获得的。此外，他通过实证研究证明，收入差异现象随着个体年龄、受教育程度、职业等级（收入）和工作经历的增加而扩大。有纵向分析（longitudinal analysis）表明，全日制工作和非全日制工作的工资差距一部分是由标准分析中未衡量的劳动者异质性所致。在相同年限的潜在工作经历中，非全日制者积累的人力资本大概率少于全日制劳动者。所以，若时间跨度拉长，累积较多人力资本的全日制劳动者收入将高于人力资本存量较低的非全日制劳动者，此逻辑同样适用于全职、兼职收入差距的分析。Manning 和 Robinson（2004）使用英国的面板数据进行研究得出了类似结论。

个体人力资本存量的动态变化不能通过其受教育年限真实反映，利用教育年限评估的人力资本结果往往有偏，因此，从人力资本视角出发，本书着重探讨工作经历的影响，但也同时关注教育变量的作用。

在定性部分，本书通过访谈资料发现选择不同工作类型的骑手之间存在收入差距，兼职骑手的收入普遍比全职者要低，且两类群体普遍具有工作经历上的差异。在人力资本导向的零工就业领域，不同就业状态个体所拥有的不同工作经历对其收入差异的形成起到怎样的作用?

已有研究提出：兼职者的工作时间普遍短于全职者，单位时间内累积的人力资本会比全职者要少，收入回报率也就自然要低，这种情况会随着时间的延长而愈加显著。在入职时，全职和兼职的工资差距可能很小，但兼职者的间歇性参与和工资增长率远比全职者低，兼职收入惩罚很大一部分可能来源于个体工作时间较少而导致较低的个体人力资本累积水平和相应的收入回报。同时，以上情况也会受到人口学等其他因素的影响。例如，较年轻劳动者的兼职收入差距很小，但会随其年龄的增长带来的潜在工作经历（时间）的增加而增加。兼职者的较低收入可能与其技能较低有关，主要是由于个体生命周期内积累的人力资本水平较低。男性的兼职收入差距明显大于女性（Hirsch，2004）。

根据收入决定因素框架，本书认为除人力资本以外，不同工作类型个体收入差距产生的原因不仅来自微观层面劳动者的人口特征、家庭等因素的影响（孙敬水，黄秋虹，2013），也受到社会制度等宏观条件的作用和制约（Kuznets，1955；王小鲁，樊纲，2005）。因此，在重点关注工作经历效用的同时，研究也控制了上述影响因素。此外，还要考虑劳动力市场的歧视等不可观测因素。

然而，除了工作时间以外，本书还关注国有企事业单位工作经历、产能过剩行业工作经历和负面求职经历对不同工作类型收入差距的贡献。个体过往工作经历的不同，给其带来不同主、客观影响，这些影响也会作用于个体的工作类型选择行为。受到工作经历、其他人力资本、制度、家庭和人口学等框架内其他因素的影响而选择不同工作类型的零工之间存在收入差异，“零工个体的工作经历对此收入差异形成的效用和贡献如何”是第5章要探讨的内容。

第3章
零工工作类型选择影响因素分析和假设——基于外卖骑手数据

3.1 问题的提出

随着数字技术的发展和人们生活、用餐习惯的转变，数字经济中餐饮行业市场份额越来越高。第44次《中国互联网络发展状况统计报告》显示，到2019年6月，我国网上外卖用户规模达4.21亿，较2018年底增长1 516万，占网民总体的49.3%；手机网上外卖用户规模达4.17亿，较2018年底增长2 037万，占手机网民的49.3%（中国互联网络信息中心，2019）。此外，外卖行业的市场布局呈现集中化趋势，2017年，饿了么收购百度外卖以后，与美团一起占据全国外卖市场超过90%的份额。2019年，餐饮外卖交易规模突破7 200亿元。外卖平台的发展不仅给餐饮行业带来了巨大机遇，也为劳动者提供了大量的工作机会。据美团研究院（2020）的统计，2019年，通过美团获得收入的骑手总数达398.7万人，比2018年增长了23.3%。此外，饿了么（2020）数据显示：约有300万外卖骑手成为“饿了么蓝骑士”，平均年龄为31岁。2019年，人力资源和社会保障部将外卖骑手正式明确为“网约配送员”，纳入国家职业分类名录，并预计“网约配送员”就业规模将超过1 000万，收入水平还将进一步提高。

数字零工常以平台全职或平台兼职两种工作类型参与工作。通过对外卖骑手的问卷调查和访谈，本书发现，总体上，选择兼职做外卖的人数远超过全职者：全职者有535人，占总数的39.96%，而兼职者多达804人，占总数的60.04%，且不同工作类型骑手的工作经历具有很大差异。

为了回答“零工就业领域，劳动者的工作经历和其他因素如何影响了个体的工作类型选择”这个问题，本章将基于上一部分提出的工作类型选择影响因素框架，在与已有文献的对话过程中描述和分析：现象层面，具有不同工作经历和其他因素特征的平台零工的工作类型选择情况，并在此基础上提出关于“工作类型选择”的假设。

本章主要使用2018年北京市总工会外卖劳动调研课题组关于互联网经济下外卖行业劳动关系现状的调查数据，基于兼职就业选择理论和文献研究部分建立的理论框架，采用定性的方法描述具有不同工作经历和其他因素特征的外卖骑手在平台的工作类型选择情况，分析并探讨工作经历和其他各因素对个体工作类型选择的可能影响，提出研究假设。在进行因素分析之前，本章先大致描述平台外卖骑手的工作过程。

3.2 骑手的工作过程

除了一些细节上的差异，现有众多品牌外卖送餐平台的劳动过程基本相似（Goods，Veen & Barratt，2019）：骑手登录专门针对他们的外卖平台App（应用程序）后，进行相关操作发出信号，表明已进入准备接单的工作状态。当消费者从客户专属平台App下订单时，平台会通过该App上的通知，将订单分发给骑手。此时，骑手在通知中仅被告知取餐地址，而非具体的送餐地点，获取信息的局限性导致骑手们无法根据自身实际情况做出相对周全的接单决定。一旦接受订单，骑手们将前往指定餐厅，领取并检查由商家已经打包好的食物。如果骑手确认订单已准备就绪，平台则会将送餐地址告知他们。然后，骑手上路，最终到达指定的送餐地址，这是他们在整个劳动过程中获得付款（酬劳）的唯一时间节点。

整个工作过程都基于平台的应用程序和导航软件，平台严密监视整个工作过程。此外，在送外卖的过程中，骑手们面临交通危险和天气问题等复杂状况时，还必须应对久等交货的客户以及在送货过程中面临的时间压力。平台利用应用程序中的指标来评估骑手的表现，主要指标有：客户评分、接单频率、取消频率、送餐路上平均速度评分等。通过这种“算法”（algorithm）管理的模式（Rosenblat & Stark，2016），平台可以持续跟踪、监控和评估骑手的整个工作过程，以决定是否暂停或终止骑手的工作。

3.3 零工工作类型选择的影响因素分析和假设的提出

人力资本理论从个体的微观层面提出了劳动者行为和收入决定因素，劳动力市场分割理论侧重于探讨社会制度等因素影响的重要性，家庭劳动力供给决策和人口学则主要关注家庭、个体人口特征因素的影响。综合上述理论以及研究在访谈中提取的关键词，本书在综述部分建立了工作类型选择影响因素框架，将零工工作类型选择影响因素分为人力资本、社会制度、家庭和人口学等因素，具体包括：核心解释变量（工作经历）及其他控制变量（受教育水平、户籍状况、性别、婚姻状况、子女状况、个体消费类型）。

接下来，基于框架，本部分主要从现象层面出发，描述具有不同特征因素的平台骑手的工作类型选择状况（平台全职和平台兼职），推测各因素可能对其工作类型选择带来的影响，提出假设。其中，访谈包含了全职、兼职的问题。

3.3.1 工作经历

除工作时间以外，本书还主要关注三项工作经历的内容，即过往经历中的就业单位类型、工作行业的性质以及过去求职过程中所受待遇的公正性，并分别通过“是否有国有企事业单位工作经历”“是否来自产能过剩行业”“是否有负面求职经历”三个指标来衡量。

3.3.1.1 工作时间

工作时间特指个体在某岗位、从事特定职业或承担特定工作和任务相关的一系列事件的时间，即个体在相关类型平台的工作时间，本章中指个体从事平台外卖工作的时间。问卷调查显示，骑手从事外卖工作的时间普遍不超过1年，3个月以内从业经历的个体占总数的54.82%，3～12个月的占19.49%，1～2年的占14.94%，而从业3年以上的人仅占总人数的5.45%。研究还发现，约有65%的骑手之前更换过服务的平台；只有34.80%的骑手在一家平台工作；34.95%的骑手同时在两家平台工作；19.05%的骑手在三家平台工作；11.20%的骑手在四家及四家以上平台工作（如图3-1所示）。这很大程度上说明外卖从业人员工作时间较短，流动性较高，且相对不稳定。

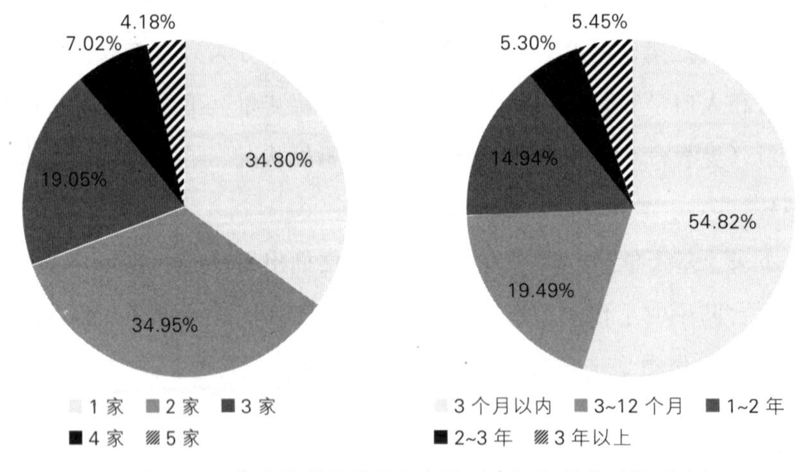

图3-1 外卖配送员从业平台数（左）和从业时间（右）

访谈也发现大多数骑手的从业时间并不长，普遍在3个月以内，虽然也有少数人从业3年以上。并且，工作时间较长（3个月及以上）的个体多愿意在平台兼职，而工作时间较短（3个月以内）的个体多选择在平台全职。

“（我）从事外卖工作1年零2个月……现在熟悉了（工作流程），（一天之内）跑够量了，还能兼着干点别的……也就不怕单少或没单（的情况发生）了……之前不行……（收入）拉扯着也差不多……。”【BJ-20180415-1 饿了么平台外卖骑手（兼职）】

“做（外卖）四五年了。”“……（一般）早上去单位，下午（工作时间）灵活，就跑跑单……干的时间长了还比较顺手……”“毕竟（除外卖以外）还有份工作干着……（干外卖的）压力也不大……不完全为了赚钱。”【BJ-20180414-1 达美乐平台外卖骑手（兼职）】

“（我）做（外卖）了不到1个月。”“（新手）有师傅带着熟悉地形，3天的培训，包括交通安全、客人沟通……现在还在适应（工作）。”【BJ-20180415 饿了么平台外卖骑手（全职）】

“……（做外卖）两个多月。”“有上岗培训，需要合格，有考试包括笔试。比如专业性的送餐步骤，但就一天，（实际中）自己（在干活的过程中）还需要摸索（熟悉）……暂时专干这个（外卖），以后再说……”【BJ-20180414 蜂鸟配送外卖骑手（全职）】

本书从以上访谈中还了解到，多数工作时间较短的个体在平台全职的一大原因是平台培训时间普遍较短（1～5天不等），刚进入平台的骑手需要在实际工作中花费较多时间去适应和熟悉新的工作环境、内容、流程和要求，工作效率不高，因此，没有多余时间投入到其他类型工作中，全职的可能性较大。而在平台上工作3个月或以上的骑手之所以能够兼职外卖，很大程度上是因为他们对工作的熟练程度和工作效率随着时间推移都大大提高了（例如，总结了一套自己节约时间高效送单的方法），在单位时间内能够获取更多收入的情况下，有余力投入到其他工作中。此外，本书还发现部分骑手在熟悉工作流程、提高工作效率以后，选择兼职做外卖也会存在降低风险等非经济目的。以上发现受到部分灵活就业文献

（Bates，1995；Bruderl，Preisendorfer & Zoegler，1992；Cressy，1996；Georgellis，Sessions & Tsitsianis，2005a）的支持：工作时间较短者需要投入大量时间去适应新的工作内容、流程、方法，多选择全职；而工作时间越长者的兼职可能性越高，在于其已经累积了业内较为丰富的经验，通过“干中学”提高了劳动生产率和工作场所其他金钱及非金钱的回报，同时，降低了就业的风险偏好，有条件也愿意通过兼职降低就业风险。

因此，从现象层面出发，结合已有文献，本部分推测个体在某类平台的工作时间与其在平台上兼职的概率正相关，随着工作时间的增加，兼职的可能性会有所提高。

3.3.1.2 国有企事业单位工作经历

通过访谈，本书发现多数骑手都来自民营企业、自雇企业，来自国有企事业单位的也有，但数量较少。有国有企事业单位工作经历的人多选择在平台兼职，有其他企业工作经历的人则倾向在平台全职。

“我（同时）还在国企上班……本科毕业后进了（国企）。”“单位给上了保险，就没辞职……”【BJ-20180414-1 达美乐平台外卖骑手（兼职）】

“原来（上班）的药厂是民营的……效益不好，工资也不高，就出来（干外卖）了。”【BJ-20180316“长号”（音译）外卖骑手（全职）】

“之前上海开店，个体经营……后来（店铺）租金涨了……不如干外卖，没什么成本压力。”【BJ-20180415 饿了么平台外卖骑手（全职）】

由访谈可知，平台更容易吸引来自民营企业、自雇企业的人，这部分人更多是由于之前就业的企业效益不好、收入不高或自营成本和压力太大等因素，选择从原就业中完全转入平台，并多在平台全职；而从国有企事业单位进入平台的人较少，即使有，也多选择在平台兼职，部分是因为所在国有企事业单位提供平台没有的社保等福利。在我国，国有企事业单位稳定的“单位制”和与之相匹配的“铁饭碗”文化会对个体的就业选择产生影响，导致其进入零工就业或在选择平台全职的倾向降低，主要是因为：其一，这些单位会提供较优渥的住房、养老、医疗等方面的福利，失业风险较低，工作和收入较稳定。因此，有国有企事业单位工作经历的个体的风险偏好会更低一些。其二，国有企事业单位的工作往往与该领域的管理权、资源使用权密切相关，在国有企事业单位中较长的工作时间会累积更多的相关人力、物质、社会资本，但这些资本在灵活就业中可能不再适用（韩雷，陈华帅，刘长庚，2016），无形中提高了个体完全进入灵活就业的转入成本。基于创业理论，有学者从实物期权理论出发，结合个体差异性理论，提出劳动者倾向通过兼职创业的方式规避创业风险和不确定性，当遇到很大的外部不确定性和很高的转换成本时，个体会通过保持期权来推迟创业进入。兼职创业的人也不需要完全进入自雇，与全职创业相比，他们放弃创业机会会有更少的沉没成本（O'Brien & Folta，2009）。与全职创业相比，兼职减少了转换成本，允许个体先了解行情和搜集信息，为后期全职做好准备。从这个角度出发，兼职可能更具有吸引力。当个体缺乏全职创业经历时，可以通过兼职降低风险、减少沉没成本等（Parker & Simon，2005；Folta，2010）。

综上，有国有企事业单位工作经历的个体在平台兼职的可能性也许更大。受到国有企事业单位“单位制”和“铁饭碗”文化的影响，个体通常对现状比较满意，或具有较强的风险规避性且核心自我评价（自尊、一般自我效用、控制点、情绪稳定性）较低，更可能为了维持就业和收入稳定、降低转换成本、对冲失业风险等原因而选择在平台兼职（Bell，Hart & Wright，1997；孙秀娟，段锦云，田晓明，2014）。

因此，本书推测，有国有企事业单位工作经历的个体很有可能在平台兼职工作，旨在实现对冲失业风险、降低就业风险及转入成本、提升工作和收入稳定性等目的。

3.3.1.3 产能过剩行业工作经历

大部分受访骑手都来自煤矿、铁矿、纺织等过剩产能部门，这部分人大多选择在平台全职。此外，平台也有少量的来自服务、金融行业的人，他们更愿意选择兼职。

“以前，我在煤矿（做工人）。”“……也不会其他的，但干点外卖还行。”【BJ-20180410 饿了么平台外卖骑手（全职）】

“……原来在矿上……之前那些（技能）简单，出来后也用不上，大公司也不爱招我们这种。”“送外卖比其他（工作）学得快……刚开始，先专职干着……”【BJ-20180323 美团平台外卖骑手（全职）】

“（以前是）纺织厂工人……厂子改革，不需要那么多人（干活）了……出来做外卖辛苦点，但比原来挣得多，别的咱也干不了……专职这个（做外卖）。”【BJ-20180316 美团平台外卖骑手（全职）】

“我（还同时）做金融。”“单位给上了保险，就没辞职……”【BJ-20180414-1 达美乐平台外卖骑手（兼职）】

通过以上访谈，本书发现平台更易吸引来自产能过剩行业的个体，这主要是因为产能过剩行业劳动者从事的工作往往都简单、重复，技能要求比较低，个体从中获取的技能在其离开原岗位后，难以迁移到正规就业或以现代化生产为特征的其他行业中去（李晓曼，孟续铎，2017）。从一定意义上来说，零工就业在新时期成为一个安置产能过剩行业劳动者的重要渠道，特别是基础和通用技能零工平台（如外卖、网约车行业），对技能几乎没有特殊要求，为这类群体提供了拥有较低水平技能也能获得就业的机会。来自产能过剩行业的个体存在本身所拥有的技能陈旧、落后及与现代化生产需求严重“失配”的情况，被原行业“析出”后，更容易发现并抓住部分技能要求比较低的零工就业机会，加之其在就业市场的自信水平较低，很可能选择进入部分低技能要求的单一类型平台进行全职工作。

综上，针对工作行业的性质，本书推测相较于不是来自产能过剩行业的劳动者，来自产能过剩行业的人在平台兼职的倾向更低。

3.3.1.4 不平等的求职经历

被访者在做骑手之前都有过不同程度的负面求职或工作经历，且他们更愿意在平台全职工作。

“没啥本事，（原来）找工作经常碰壁……只接接单、跑跑外卖还可

以。”【BJ-20180412 美团平台外卖骑手（全职）】

“学历不够，好多单位不招（我）……也只能做外卖之类的……”【BJ-20180414 蜂鸟配送外卖骑手（全职）】

“（做外卖前）去了（某企业）面试，他们不要外地人……”“干这个（做外卖）不看你是哪的。”【BJ-20180316 美团平台外卖骑手（全职）】

“（之前做信贷）业绩上不去，被领导训斥，思想（心理）压力大，随时面临失业（风险）。”“（做外卖）辛苦，但不用看人脸色。”【BJ-20180424 美团平台外卖骑手（全职）】

通过以上访谈，本书发现平台全职的工作类型可能更易吸引有过负面求职、工作经历的个体。心理健康也是高质量人力资本的体现之一，负面求职经历往往会影响个体的心理健康，带来负面情绪，进而影响个体选择行为（Peters，Finucane，MacGregor，et al.，2000）。研究发现，面对具有认知要求的任务，比起深思熟虑，人们更容易依赖自己的情绪来做出决定（Shiv & Fedorikhin，1999）。负面求职经历是个体经历过的较差体验，会带来负面情绪（Kumar，Irudayaraj & Jomon，2014），有过类似经历的人，更能够体会自己的就业困境（Carr，1996；Buttler & Sierminska，2019），且认为放弃原来的就业机会会有更少的沉没成本（Parker & Simon，2005；Folta，2010）。对这部分人来说，零工就业的转入成本相对较低，他们更可能发现并抓住零工就业机会，也更愿意投入和依赖于单一类型平台，而选择在该类平台全职工作。

然而，也有研究证明，有过负面求职经历的人一般有较低的自我评价、自信水平及风险偏好，所以，也有可能同时选择多种类型的平台工作以降低就业风险和不确定性（Bell，Hart & Wright，1997），但这种选择受到自身技能水平、技能多样化等因素的影响。负面求职经历的产生原因比较复杂，可能源于劳动力市场的结构性制约、行业的性别歧视、户口歧视、个体缺乏社会（关系）网络、自身技能老旧等（Carr，1996；Buttler &

Sierminska，2019）。

结合访谈和已有文献，本部分推测：对于基础、通用技能平台零工来说，过去求职中有负面经历的个体比没有相关经历的人在平台兼职的倾向更低。

3.3.2 受教育水平

通过问卷调查本书发现，总体上，平台外卖骑手文化程度尚可，尽管并不是特别高，但也主要以大专或职业教育人群为主，且与中国其他地区相比，在北京从事在线外卖服务的骑手具有更好的教育背景和更高的职业素养。北京地区骑手大专以上学历者占48.10%，[①] 高中及同等学历占33.68%，初中及以下学历占18.22%。

此外，通过访谈，本书了解到平台兼职者的受教育水普遍较高，多为本科或以上的学历，而平台全职者的受教育水平相对较低。

“（我）大专毕业进厂工作……现在这个（学历）不高不低，也不好找其他事情做。”【BJ-20180316 “长号”（音译）外卖骑手（全职）】

“中专毕业……（外卖行业）对这个（学历）要求不高。”【BJ-20180415 饿了么平台外卖骑手（全职）】

“我年轻，96年的，初中没上完就出来干活了。”“学历不够，好多单位不招（我）……也只能做外卖之类的……”【BJ-20180414 蜂鸟配送外卖骑手（全职）】

“我（同时）还在国企上班。本科毕业后进了国企。”“单位给上了保险，就没辞职……”【BJ-20180414-1 达美乐平台外卖骑手（兼职）】

访谈结果受到部分已有灵活就业研究结论支持。Husain（2014）提

---

① 《城市新青年：2018外卖骑手就业报告》数据显示，全国范围内，骑手的文化程度在专科以上的只占总数的15%左右，而本书的调查对象为北京地区的骑手，相比之下他们的文化程度普遍较高。

出：个体的兼职概率随着受教育水平的提高而增加，受教育水平较低的人相对于较高者而言，兼职可能性要低得多（尤其是当“没有高中文凭的劳动者”与“学士或更高学位者”相比较时）。Amuedo-Dorantes和Kimmel（2009）以及Atherton等（2016）也得出了相同的结论。然而，Averett（2001）却发现教育对个体的兼职选择并无显著影响。理论上，个体拥有较高的受教育水平意味着能在正规就业领域拥有更好的工作机遇（Van der Sluis，Van Praag & Vijverberg，2008；Brown，Farrell & Harris，2011），保留正规或其他领域工作的同时选择在平台兼职的可能性更大。另一些学者（Lucas，1978；Calvo & Wellisz，1980）则认为，受教育水平较高的个体，一方面更能够识别和抓住灵活的工作机遇；另一方面可能会拥有特定领域更高水平的职业技能，也更易在特定技能相关平台全职工作。

综合观察已有研究结论，研究推测受教育水平较高的个体更愿意选择在平台兼职，由于样本中受教育水平较高的个体只占少数，这种影响的显著性有待检验。

3.3.3 户口

户口因素是本书探索零工就业领域个体选择行为和收入时主要关注的制度层面影响要素。在问卷调查的外卖骑手中，超过90%的个体都没有本地（北京）户口，骑手来自山西、黑龙江、河南、安徽、河北等地，京籍骑手非常少。平台更易吸引非本地户口者，在一定程度上是由于借助互联网等数字技术的作用，零工就业本身不存在“户口壁垒”。此外，在访谈中了解到，外地户口的骑手倾向在平台全职一定程度上是由于正规或部分其他就业领域对个体的户籍有要求，对本地户籍者有偏好，而外卖平台却没有相关的要求。

“（做外卖前）去了（某企业）面试，他们不要外地人……”“……专职这个（做外卖）”“干这个（做外卖）不看你是哪的。”【BJ-20180316美团平台外卖骑手（全职）】

没有本地户口的个体，特别是具有较低技能的劳动者，从事正规就业的难度比有户口的人大很多，当在正规就业领域或者其他有户口门槛要求的领域遇到就业障碍后，选择转入零工就业，加上自我评价、自信水平可能较低，这部分人可能会较珍惜平台工作机会而更努力和依赖零工就业，所以在平台全职的可能性略高。相反，有本地户口的人更有可能在正规就业领域中找到工作，或即使选择进入零工就业领域，也还有可能同时保留自己的正规就业或其他就业领域的工作，在平台兼职的可能性也会因此更大。企业对本地户籍者偏好的根源来自户籍制度的限制。国内，很多大城市的政府为了满足本地居民的利益诉求，基于户籍制度采用一系列非市场制度安排造成非本地户口劳动者进入正规领域就业的障碍（Chai & Chai，1997；Huang & Clark，2002；Huang & Jiang，2009；Logan，Fang & Zhang，2009；Y. P. Wang，Y. L. Wang & J. S. Wu，2010；W. P. Wu，2002，2004；李国光，2007；李强，胡宝荣，2013），形成了对非本地户口者的身份歧视（章莉，李实，Darity等，2014）。地方政府利用户籍制度限制了外地人口享受本地公共服务，导致外地劳动者的直接需求难以满足，破坏了他们的就业稳定性，这又会促使外地劳动者选择工作转换成本较低的零工就业部门。

本书推测，在技能水平要求相对较低的平台，没有本地户口的人更可能选择在平台全职，有本地户口的人更有可能在平台兼职的同时保留正规就业工作或者其他领域的就业机会。

需要注意的是，依据劳动力市场分割理论，传统非正规就业市场通常被归属于收入较低、待遇不稳定的次级劳动力市场。而零工就业领域不仅有劳动密集型工作，也存在收入、待遇条件较好的技术密集型工作。因此，不排除由于地区和企业人才引进的需求，具有较高技能的非本地户口者进入正规领域就业的可能性，这部分人如果参与零工就业则更可能选择在平台兼职。所以，传统的劳动力市场分割理论可能已经不能完全解释户口机制对零工就业领域的影响。

3.3.4 家庭因素

问卷调查结果显示，已婚骑手有395人，占总体的29.5%，未婚骑手有944人，占骑手总数的70.5%。外卖骑手主要是未婚群体，且多数为外来务工人员，在本地工作期间面临着恋爱、结婚、生育、子女教育等一系列生命阶段中的不同问题，具有较大的生活压力。此外，访谈结果显示，未婚者多选择全职，已婚的大多在平台兼职。

“单身，（我）跟人合住。”“（除了做外卖）也没别的事。”【BJ-20180410饿了么平台外卖骑手（全职）】

“对象家是老北京。”“……家里的事儿谁有时间谁就多管点。”【BJ-20180415-1饿了么平台外卖骑手（兼职）】

“结婚好几年了，老婆、孩子也都在北京……”“我在外工作，平时主要她管家务、做饭和孩子接送啥的……”【BJ-20180414-1达美乐平台外卖骑手（兼职）】

访谈发现平台更易吸引未婚者，这部分人更多选择全职，这在一定程度上可能是因为外卖工作对体力的要求较高，骑手多为年轻人，大部分未婚，不会受到来自家庭羁绊和家庭分工的制约（Becker，1991）。已婚外卖骑手比例较低，且大多选择兼职，可能是相较于未婚者，结婚后受到家庭分工的影响较大，经济需求的驱动使其从事多份工作的可能性提高了。家庭作为劳动力供给行为的决策单位，为了追求整个家庭效用最大化，在决定如何分配劳动力市场工作、家务劳动和闲暇时间时，家庭成员需要综合考虑其他家人的行为反应（Neil，Mark & Morlock，1982），即家庭联合工作决策。家庭生活和劳动力市场工作都需要专业化分工才能创造较高的收益，而家庭中的专业化分工又涉及家庭成员的角色。一般，夫妻双方中的一人会承担更多的家务，即使两人都从事劳动力市场的有酬工作，其中一方也会承担较多的家庭工作。劳动生产率的高低是影响家庭工作决策的重要因素。例如，若丈夫具有更高的生产率，就能比妻子在劳动力市场更具有比较优势，而妻子又比丈夫更擅长处理家中的非劳动力市场工作，则家庭分工便产生了。在这样的情况下，丈夫会将所有非休闲时间（non-leisure time）用于劳动力工作，妻子则会将非休闲时间用于非劳动力市场工作（日常家务和照顾孩子等）。通常情况是，单位家庭中的某个成员在劳动力市场从事多份工作（兼职），而其他家庭成员将时间用于一份有酬工作、家庭中的非劳动力市场工作或休闲（Neil，Mark & Morlock，1982）。此外，部分学者发现婚姻能够增加男性兼职的可能性，在于男性在劳动力市场的生产率往往高于女性，所以会在外承担更多的有酬工作（Wu et al.，2009；Lale，2015；Atherton，Faria，Wheatley，et al.，2016），加上外卖工作要求劳动者有较强的身体素质，平台上的男性骑手会远多于女性，因此，本书研究发现平台上的已婚者多选择兼职，可能是由于平台大部分骑手都为男性。另外，也有可能已婚个体的风险偏好较低，更倾向于正规就业，或即便进入零工就业领域也会同时保留其他领域就业，只在平台兼职。

本书推测，在基础、通用技能且有一定身体素质要求的平台，已婚者多选择兼职，而未婚者的全职倾向会更强。

为了更好地了解家庭构成如何影响灵活就业的可能性，除婚姻状况外，本书还考虑孩子的因素，已婚的外卖骑手子女数量多为一个以上，大部分是两个，且有子女的骑手更多的是在平台全职工作。

“家里妻子和三个孩子，（孩子）一个13岁，另外两个（分别是）5岁和2岁。”“她（妻子）也出来干活，孩子谁有时间谁就多管管，大的那个倒是不用（管）了……能腾出手来送送外卖，没干其他的……”【BJ-20180415饿了么平台外卖骑手（全职）】

“俩孩子都在老家……平时花销也不大，（外卖）收入足够支持了。”“……现在这个（学历）不高不低，也不好找其他事情做。”【BJ-20180316“长号”（音译）外卖骑手（全职）】

“（孩子是）独生女。”“我在外多（做）几份工（作），平时主要她

管家务、做饭和孩子接送啥的……”【BJ-20180414-1达美乐平台外卖骑手（兼职）】

访谈发现有一个孩子的骑手的兼职情况较多，有两个（或以上）孩子的人普遍全职。这一影响可能与个体在家庭内的劳动分工相关，对于承担家庭工作较多的人，孩子数量越多，劳动者可从事有偿工作的时间就会越少，将会导致其兼职概率的下降（Gill，1988；Fairchild，2009；Blanchflower，2000；Baumann & Brändle，2012；Dawson，Henley & Latreille，2013）。这在一定程度上能用Amuedo-Dorantes和Kimmel（2009）的研究结论解释：子女数量的增加降低了男性兼职就业的可能性，但对女性没有显著影响，原因在于男性的劳动生产率通常大于女性，后者一般从事无偿的家务劳动，而前者则常在外从事有偿工作，部分甚至为了谋求更多利润以缓解家庭经济压力而选择同时从事多类平台工作（平台兼职）。所以，子女数量的多寡对女性并无大的影响，却能显著降低男性兼职概率，且平台男性骑手居多。因此，本书观察到：总体上，子女数量同零工兼职概率负相关。

综合观察到的现象和以上文献，研究推测，孩子数量与个体在平台兼职的概率负相关，即孩子数量越多，零工在平台兼职的可能性会越小。然而，此相关性很可能受到家庭供给决策、性别、税收政策等因素的影响而改变方向或变得不再显著。

3.3.5 人口学因素

问卷调查显示，男性骑手超过总数的80%，女性的占比较小，平台更易吸引男性。就外卖行业而言，男性比女性参与的倾向可能会更大。本书中的外卖平台具有特殊性，同传统餐饮业中的服务员不同，外卖送餐工作通常被视作一种“体力劳动，需要不停在外到处跑”，“会更适合男性和年轻且体力充沛的人”。其中，访谈发现，选择做外卖的数量有限的女性多只做外卖工作（在平台全职），部分女性表明“（做）外卖太累，没做其他的

（工作）了……”，“高峰时跑跑，其他（时间）主要管家里（的事）……”，主要因为“外卖体力要求较大”或“照顾家里”两个原因而选择在一类平台工作，而选择平台兼职的多为男性。

此结果与部分传统灵活就业研究认为“女性比男性更愿规避风险，兼职可能性更大”的观点不符（Stefanović & Stošić，2012），这部分研究认为女性在灵活就业中往往采取更谨慎的策略，通常出于规避风险的目的而同时从事多份工作（Amuedo-Dorantes & Kimmel，2009；Atherton，Faria，Wheatley，et al.，2016；Averett，2001；Heineck & Schwarze，2004；Wu et al.，2009；Zangelidis，2014）。但是，以上结论并没有考虑“性别隔离”的问题。零工就业领域还是存在按性别划分的职业隔离现象的（Rosti & Chelli，2005；Williams，2012），因此，本书发现，外卖平台上的男性显著多于女性，且男性兼职比例较高，可能是受到身体条件的限制，女性难以在从事体力需求比较大的外卖工作的同时，也参与到其他平台或就业领域的工作中，但这只是针对基础技能且有较高体力要求的外卖平台而言。

本书推测，受到平台行业性质、个体风险偏好、生理条件等因素的影响，在基础、通用技能且对劳动者有一定体力要求的平台上，女性可能更愿选择在平台全职，男性则更倾向在平台兼职工作。

然而，互联网的使用大大降低了搜寻成本，提高了工作匹配效率，女性就业转入难度和转入成本都有所降低（Stevenson，2009），因此，自身风险偏好对工作（就业）选择行为的影响便降低了。在数字技术和其他各种因素的综合作用下，性别对个体就业工作类型选择的影响也可能不再显著。

3.3.6 消费类型

消费类型在一定程度上反映了个体选择在平台工作的目的，是本书考虑的因素之一，主要分为生存型和发展型。此处根据平台收入的支出方向来判断零工的消费类型：若个体的平台收入几乎用于维持自身或家人生存所必需，即判断为生存型消费者；若平台收入主要用于教育、培训、娱乐、享受等发展型支出，即判断为发展型消费者。问卷调查显示，近半数劳动者的房租每月超过500元，占总收入的18%以上（如图3-2所示）。

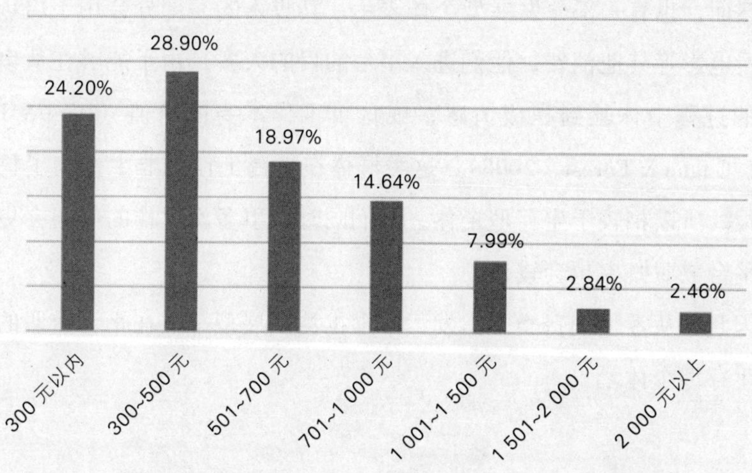

图3-2　骑手的月租金统计

多数受访者表示房租是开销“大头”，其次是吃饭、充电（每月吃住加充电开销近2 000元）。此外，平台更易吸引生存型个体，且这部分人多选择在平台兼职，而发展型个体更多在平台全职。平台工作性质不同、类型不同，个体选择进入该平台的目的也不一，消费类型也会有所差异。本书的外卖平台属于基础技能型，会集聚大量的低技能零工，这部分劳动者会用平台收入先满足其生存需求，而通用、专业技能平台的情况会有所不同。

在“外卖”这样的基础、通用技能平台上，多数骑手是由于缺少其他更优选择，或受到劳动力市场和社会经济方面等结构性因素的制约而选择进入零工就业的生存型个体，旨在解决生存困境、满足生活所需、养育子女、赡养老人等生存需求。这些骑手多表示收入的大部分都用在“房租”“吃饭”“养娃”等生存型需求上。在单一平台，特别是单位时间收入较低的低技能平台工作可能并不足以满足这部分人的生存所需，所以他们选择同时从事多类工作的可能性较大（Deci & Ryan，2008；Gagne & Forest，2008）。

然而，也有一部分发展型个体表示，其收入的一部分会用于培训、旅游、看电影等其他消费，他们进入平台的目的大多是由于能够在从事零工工作的过程中体验到积极情感，或认可工作本身的价值（Deci & Ryan，2008；Gagne & Forest，2008）。这类群体在平台工作并非主要为了物质性的回报，所以相较于生存型个体，他们同时从事多份工作的倾向会更低一些，平台兼职概率也会较低。

因此，从零工消费类型出发，本书推测发展型个体在平台兼职的概率低于生存型个体。

3.4 本章小结

基于零工工作类型选择影响因素的理论框架，结合文献研究、访谈、问卷调查等多种方式，本章就技能水平较低但有一定体力要求的平台上的工作经历对个体工作类型选择影响从工作时间和工作经历的特异性（Kozlowski & Hattrup，1992）出发提出研究的核心假设：

假设1：工作时间与零工选择平台兼职的概率正相关，随着工作时间的增加，兼职的可能性会有所提高。

假设2：有国有企事业单位工作经历的零工比没有此类经历的零工在平台的兼职概率更高。

假设3：相较于不是来自产能过剩行业的劳动者，来自产能过剩行业的人在平台兼职工作的可能性更小。

假设4：过去有负面求职经历的个体比没有相关经历的人在平台兼职的倾向更低。

此外，本书也关注框架内其他因素对个体工作类型选择的影响，并提出如下假设：

假设5：相较于受教育水平较低的零工，受教育水平较高的人在平台兼职的概率更高。

假设6：持有本地户口的零工比非本地户口者在平台兼职的概率更高。

假设7：相较于未婚者，已婚者在平台兼职的可能性更高。

假设8：零工个体的兼职概率会随着孩子数量的增加而下降。

假设9：男性零工比女性零工更倾向在平台兼职工作。

假设10：就消费类型而言，相较于生存型零工，发展型个体在平台兼职的概率更低。

需要强调的是，以上假设均在平台对劳动者的体力有一定要求的条件下，针对技能水平和专业化程度中等偏下的基础、通用技能零工而言，并不能代表专业技能零工等其他情况。本书会经过之后的数据分析验证或否证以上假设并得出结论，零工工作类型的选择机制可能会显现。

第4章将基于技能水平和专业化要求都中等偏下（比较近似）的U网约车平台的司机数据和工作类型选择因素框架，探索并验证工作经历和其他各因素对个体平台工作类型选择的影响是否和以上假设一致。此外，通过访谈，本书还发现平台上受到不同工作经历和其他因素影响选择不同工作类型的群体之间存在收入差异，兼职收入要比全职收入低，“决定零工平台收入的因素和造成不同工作类型收入差距的原因有哪些，工作经历在其中的影响和效用如何”是第5章要深入探索的主要内容。

第4章

工作经历对零工工作类型选择的影响——基于U平台网约车司机数据

上一章通过对外卖平台骑手的分析，提出了工作经历和其他因素对个体工作类型选择影响的假设。由于网约车司机和外卖骑手同样属于技能水平和专业化程度较低的群体，差异并不十分明显，且二者都来自管理型平台，本章将基于样本量较大的U平台网约车司机数据[①]，采用定量研究方法，验证前文提出的关于工作经历和其他因素对个体平台工作类型选择影响的假设是否成立。

选取U平台网约车司机数据来验证基于外卖骑手数据提出的假设具有一定合理性，原因有三：一是两类群体所处平台的治理模式相似，从治理模式出发，网约车平台与外卖平台都属于管理型平台，平台扮演“类雇主”角色，劳动者与平台之间的关系更类似于传统的雇佣关系；二是两类群体的技能差异并不明显，外卖骑手属于基础技能零工，网约车司机属于通用技能零工，后者在技能水平和专业化程度方面要略高于前者，但实质差异并不明显，很多在基础技能平台工作的个体也同时具备通用技能水平，或通过简单的学习就能进行通用技能类的工作；三是数据类型符合研究需要，骑手的数据包含大量的访谈资料，便于本书在现象层面对问题进行观察、提取和分析，而网约车司机数据样本量较大，利于进行定量分析。

虽然提出假设的数据来源（2018年的外卖劳动调查）先于验证的数据来源（2016年的网约车司机调查），且骑手作为实际产品和服务的提供

---

① 数据来源：中国人民大学劳动人事学院“网约车平台就业状况调查”（2016年数据）。

者与外卖骑手作为成品的运输者所扮演的角色和从事工作的内容具有差异性，但基于以上三点合理性，且两组数据时间间隔不大，本书经过权衡之后进行了相应的数据选择。

此外，劳动者的风险偏好和家庭支持度会影响其工作类型选择，而过往工作经历又会给风险偏好和家庭态度带来影响。因此，本部分还将探索这两个中介变量如何影响工作经历及各因素对个体工作类型选择的作用。最后，本部分将进行异质性检验，实证估计不同消费类型和户籍状态下，工作经历各因素的影响是否存在显著差异。

4.1 方法和数据

传统非正规就业中，个体的就业类型同时受到被雇者自身和雇主的双重影响。雇主方面，会根据生产运营的需求，来决定何种岗位需要兼职或全职工作；雇员方面，就业类型选择是为了实现自身效用最大化，在权衡成本收益以及其他各方面因素之后做出的选择。基于以人力资本理论为核心的零工工作类型选择因素框架，本章从劳动力供给侧角度出发，旨在证实或证伪：微观层面上，工作经历对零工工作类型选择（平台全职/平台兼职）影响的假设，同时也关注影响该选择的制度、家庭、人口学等相关因素的作用。

本书的被解释变量——平台工作类型——是一个二值响应虚拟变量，即零工个体选择平台全职还是平台兼职。个体的平台工作类型选择是通过对选择两种工作类型所引致的效用进行比较而决定的，受到人力资本、家庭、人口学和制度等多重因素的影响。例如，在多重因素影响的条件下，当选择在平台全职工作的效用大于平台兼职的效用时，便可观察到个体选择平台全职工作的状态，反之亦然，此情况适合采用二元Probit模型。

4.1.1 模型构建

4.1.1.1 二元Probit模型

依前文所述，工作类型选择属于二分类变量，所以，观察结果不属连续变量，而是离散变量，即“平台兼职”或“平台全职”（分别取值1和0），不符合经典的高斯－马尔科夫假定中所要求的正态分布，在使用普通最小二乘法对其进行回归时将导致偏差。为克服此缺陷，本书使用二值选择模型，则工作类型选择的概率可表示为：

$$E(Y|X) = 1 \cdot P(y = 1|X) + 0 \cdot P(y = 1|X)$$
$$= P(y = 1|X) = P(y = 1|x_1,\ x_2,\ x_3,\ \cdots,\ x_k) = F(x,\ \beta) \tag{4-1}$$

式中：X表示所有影响工作类型选择的解释变量，包括个体的工作经历和其他控制变量；β为待估计参数。

当$F(x,\ \beta)$为标准正态的累积分布函数时，则：

$$P(y = 1|X) = F(x,\ \beta) = \Phi(x'\beta) \equiv \int_{-\infty}^{x'\beta} \phi(t)\mathrm{d}t \tag{4-2}$$

式中：Φ（·）与ϕ（·）分别为标准正态的密度与累积分布函数。此模型即为工作类型选择的二元Probit模型。该模型存在一个潜变量y^*，当$y^*>0$的时候，被解释变量取值为1，当$y^*<0$或$y^*=0$的时候，被解释变量取值为0。因此，本章中的潜变量和基准模型的表达式如下：

$$y_i^* = \beta_0 + \beta_1\ Experience_i + \beta_2\ HumanCapital_i + \beta_3\ Regulation_i + \beta_4 Family_i + \beta_5\ Individual_i + \beta_6\ Others_i + \mu_i$$

$$probit\ (Y_i=1) = Prob\ (y^*>0) = \Phi\ (\beta_0 + \beta_1 Experience_i + \beta_2 HumanCapital_i + \beta_3\ Regulation_i + \beta_4 Family_i + \beta_5\ Individual_i + \beta_6\ Others_i + \mu_i) \tag{4-3}$$

式中：Y_i表示个体进入零工就业时选择平台兼职还是平台全职的虚拟变量；$Experience_i$用来衡量个体的工作经历；$HumanCapital_i$主要衡量研究控制的除工作经历以外的其他人力资本因素（本书指受教育水平）；$Regulation_i$衡量制度层面的因素，本书中特指户籍制度；$Family_i$衡量控制的家庭因素（婚姻状况和子女数量）；$Individual_i$表示个体人口学基本特征

（性别）；$Others_i$表示研究控制的其他变量（消费类型、成本和城市固定效应等）。由于本书的核心解释变量——工作经历——是个体层面变量，所以在估计中使用个体层面的聚类标准误进行相关显著性检验。

4.1.1.2 影响机制探析

为了深入探索工作经历对平台工作类型选择的影响机制，本书在个体层面和家庭层面分别引入个体在平台工作的风险偏好和家庭对其从事平台工作的支持度作为中介变量（如图4-1所示）。

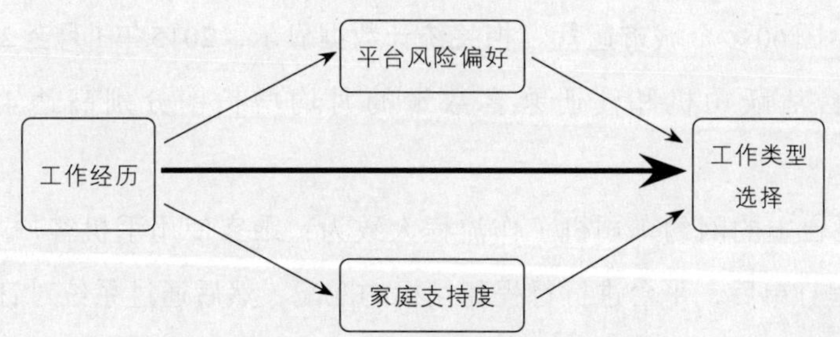

图4-1　家庭支持度和风险偏好的中介作用

基于Hayes（2009）的中介效应检验方法，本书建立相关回归方程：

$$workstatus_i = c_0 + c_1 exp_i + c_2 Z_i + \varepsilon_i \tag{4-4}$$

$$mediator_i = a_0 + a_1 exp_i + a_2 Z_i + \delta_i \tag{4-5}$$

$$workstatus_i = b_0 + c_1' exp_i + b_1 mediator_i + b_2 Z_i + \mu_i \tag{4-6}$$

式中：*mediator*代表中介变量；Z代表控制变量。

方程（4-4）的系数c_1为工作经历对平台工作类型选择的总效应；方程（4-5）的系数a_1为工作经历对中介变量的效应；方程（4-6）的系数b_1是在控制其他变量的影响后中介变量对平台工作类型选择的效应，系数c_1'是在控制中介变量的影响后工作经历对平台工作类型选择的效应。

通常用三种方法检验中介效应，分别为逐步法、Sobel检验法以及Bootstrap法。本书采用逐步法进行检验。用逐步法进行检验的条件是：系

数 c_1'、a_1、b_1 都达到显著水平。若 a_1、b_1 有一个不显著，就要继续进行Sobel检验。

4.1.2 数据选择和变量描述性统计

4.1.2.1 数据选择

本章使用的数据源自中国人民大学劳动人事学院课题组于2016年对U平台网约车司机进行的专项问卷调查。U平台是一家快速发展的网约车公司，成立于2010年，并于2014年进入中国，截至2016年，该公司已经成功在中国60多个城市运营。相关统计数据显示，2015年1月至2016年4月，平台活跃司机和注册乘客数量的月均增长率分别高达44.2%和31.0%。

U平台上的网约车司机工作流程大致为：乘客使用手机客户端下单；接到行程订单后，平台进行行程和司机的匹配，然后通过系统对订单附近的司机进行“派单”[①]；司机接到订单后，前往指定地点接乘客，在这一过程中，需依据平台提供的线路进行服务；与此同时，平台对司机的路线、服务态度、服务行为和语言等实施监控；服务结束后，乘客把费用支付给平台，平台扣除一定费用之后司机才可以提现；客户能够通过客户端评价系统对司机进行评分，评分结果是平台奖励、惩处司机的重要依据之一（王琦，吴清军，杨伟国，2018）。

U平台属于典型的管理型平台，扮演的角色更类似于传统雇主。司机的整个工作过程都受到来自平台和客户的双重管控：平台对司机的服务过程有严格要求和标准，客户也会通过评分机制等手段对司机进行控制，类似的例子还有“滴滴打车”平台。部分网约车平台公司给旗下的

① 起初，司机多以主动“抢单”的模式获取订单，近年来逐渐转变为被平台“派单”的模式，这在很大程度上体现了网约车平台对司机工作过程的控制正在逐步加强，平台企业类似传统雇主的“管理性”也愈发明显。

司机买保险、做培训，并表彰和奖励表现优秀的司机。平台所做的一切都是传统雇佣关系的体现，即履行传统雇佣关系下雇主企业应尽的义务。因为，表面上看似“灵活”的开专车工作，实际上并没有那么灵活：司机一旦选择在平台上线，整个工作过程都会受到平台监控，司机对乘客的态度、语言、服务姿势等细节都需要按照平台的要求进行操作。此外，一些平台在运营过程中也渐渐加大对平台零工的控制：过去，司机的接单方式是“抢单”，而现在基本都是平台给司机“派单”。所以，平台给司机的保险、培训、补偿和奖励实际上都是与其对司机的“控制”并行的，属于传统雇佣关系下的雇主义务和权利，而被控制的司机则更类似于传统雇佣关系下的雇员。

课题组依据城市、性别、车辆类型对平台司机进行配额抽样，调查了包括北京、上海、广州、深圳、成都、杭州、长沙、重庆、合肥在内的9个城市。相关问卷投放期为2016年5月17日至5月24日，回收有效样本15 478个，删除遗漏变量、极值和异常值，最后留下12 390个有效样本。

4.1.2.2 变量描述性统计

（1）被解释变量

平台工作类型是本部分的被解释变量，第1章的概念解释以个体“是否只服务（工作）于单一类型平台”，将零工的平台工作类型主要划分为平台全职和平台兼职两类。此处，研究根据问卷相关问题“开专车是您唯一的工作吗”来判断平台上个体的工作类型：回答“是”的人被判断为平台全职者，赋值为1；回答“否”的人被判断为平台兼职者，赋值为0。全样本统计结果显示，平台全职者的数量显著低于平台兼职者，其中，平台兼职者有7 176人，占总数的57.92%；而平台全职者为5 214人，不到总数的一半（42.08%）。

（2）核心解释变量

本书的核心解释变量为包含四个变量的工作经历。传统就业市场中的工作经历特指与岗位相关的一系列事件，但在零工就业领域，岗位被分解成细化的工作、任务甚至是某件事情、某个行为，工作经历不仅与岗位和职业相关，还可能与特定工作、任务甚至是行为相关。因此，与过去驾驶行为相关的一系列事件和时间等都可用作衡量司机过往工作经历的变量，此处用司机开网约车之前的驾龄来衡量其工作经历时间。[①]平台上司机平均驾龄为8.84年。选择平台全职和兼职的司机平均驾龄十分接近，但兼职者（8.86年）比全职者（8.82年）的驾龄略高，基于此，初步推测工作时间越长的人，兼职概率越高。

除工作时间以外，本书还重点关注司机“是否有国有企事业单位工作经历”、“是否来自产能过剩行业”以及“是否有负面求职经历”三个变量。有国有企事业单位工作经历的司机共有1 201人（占总数的9.96%），其中，774人选择了在平台兼职，仅427个有相关经历的司机在平台全职，则有国有企事业单位工作经历的人可能更愿意在平台兼职；来自产能过剩行业的司机不到总数的10%（8.22%），但仍有1 018人，其中，平台全职者比兼职多366人，来自产能过剩行业的司机在平台全职的倾向可能更大；[②]有超过一半的司机有负面求职经历（6 813人），占总数的54.99%，且在全职群体中，有负面求职经历者的比例（60.47%）高于兼职群体（51%），则有负面求职经历的个体在平台全职的可能性更大些。

表4-1和表4-2分别展示了本章涉及变量的定义和描述性统计。除总体外，本书还分不同工作类型将变量按照人力资本因素、制度因素、家庭因素、人口学因素和其他因素来描述数据分布，其中连续变量给出的是均值和标准差，分类变量给出的是百分比。

① 这里的驾龄指的是开网约车之前的驾龄，用问卷中的“驾龄”减去“开网约车的时间”计算得出。

② 有国有企事业单位工作经历和产能过剩行业工作经历两个变量基本不存在共线性问题，因为这两种经历都有的个体仅有88个，占样本总量的0.71%。

表4-1　　变量定义及描述

变量类型		变量名	变量定义
被解释变量		平台工作类型	平台兼职=1；平台全职=0
核心解释变量	人力资本因素	驾龄	连续变量
		国有企事业单位工作经历	有国有企事业单位工作经历=1；没有国有企事业单位工作经历=0
		产能过剩行业工作经历	来自产能过剩行业=1；不是来自产能过剩行业=0
		负面求职经历（在求职或工作过程中遭遇过不公平待遇）	有负面求职经历=1；没有负面求职经历=0
控制变量		受教育水平	
		初中及以下	是=1；不是=0
		高中或中专	是=1；不是=0
		大专	是=1；不是=0
		本科	是=1；不是=0
		硕士研究生及以上	是=1；不是=0
	制度因素	户籍状况	本地=1；非本地=0
	家庭因素	婚姻状况	1=已婚；0=未婚
		子女数量	连续变量
	人口学因素	性别	男性=1；女性=0
	其他因素	消费类型	发展型消费=1；生存型消费=0
		周运行成本	连续变量
中介变量	家庭层面	家庭支持度	不支持=1；无所谓=2；支持=3
	个体层面	平台风险偏好	风险厌恶=1；风险接受=0

表4-2　　　　　　　　　变量的描述性统计

变量		全样本				平台兼职		平台全职	
		最小值	最大值	频数（均值）	比例（标准差）	频数（均值）	比例（标准差）	频数（均值）	比例（标准差）
被解释变量	平台工作类型								
	平台兼职（平台全职=0）	0	1	7 176	57.92%	7 176	100.00%	5 214	100.00%
核心解释变量	平台小时收入（元）	0.64	112.88	31.53	10.66	30.64	11.28	32.78	9.44
	工作经历								
	驾龄（年）	1	61.50	8.84	6.42	8.86	6.41	8.82	6.43
	有国有企事业单位工作经历（没有=0）	0	1	1 201	9.96%	774	10.79%	427	8.19%
	来自产能过剩行业（没有=0）	0	1	1 018	8.22%	326	4.54%	692	13.27%
	有负面求职经历（没有=0）	0	1	6 813	54.99%	3 660	51.00%	3 153	60.47%
控制变量	受教育水平								
	初中及以下	0	1	2 009	16.21%	816	11.37%	1 193	22.88%
	高中或中专	0	1	6 002	48.44%	3 089	43.05%	2 913	55.87%
	大专	0	1	2 830	22.84%	1 999	27.86%	831	15.94%
	本科	0	1	1 450	11.70%	1 184	16.50%	266	5.10%
	硕士研究生及以上	0	1	99	0.80%	88	1.23%	11	0.21%
	户籍状况								
	本地户籍（非本地户籍=0）	0	1	5 607	45.25%	3 700	51.56%	1 907	36.57%
	婚姻状况								
	已婚（未婚=0）	0	1	10 531	85.00%	6 166	85.93%	4 365	83.72%
	子女数量			1.09	0.76	1.054	0.72	1.13	0.8
	性别								
	男性（女性=0）	0	1	12 096	97.63%	7 003	97.59%	5 093	97.68%
	消费类别								
	发展型消费（生存型消费=0）	0	1	2 916	23.54%	1 603	22.34%	1 313	25.18%
	周运行成本（元）	0	7 000	926	1 029	647.08	767.04	1 315.71	1 207.36
中介变量	家庭支持度								
	不支持	0	1	748	6.04%	401	5.59%	347	6.66%
	无所谓	0	1	3 178	25.65%	2 130	29.68%	1 048	20.10%
	支持	0	1	8 464	68.31%	4 645	64.73%	3 819	73.25%
	平台风险偏好								
	风险厌恶（风险接受=0）	0	1	9 092	73.38%	4 792	66.78%	4 300	82.47%

注：表中连续变量给出的是均值和标准差，分类变量给出的是百分比。

（3）控制变量

人力资本因素中，本书还控制了个体的受教育水平。研究将个体受教育水平设置为次序分类变量，将初中及以下、高中或中专、大专、本科、硕士研究生及以上学历分别赋值为9、12、15、16和19，其中，初中及以下为控制组。统计结果显示，总体上，接近半数的司机为高中或中专学历（6 002人），其余依次是大专（2 830人）、初中及以下（2 009人）和本科（1 450人），硕士研究生及以上学历的司机不到总数的1%（99人）。这在一定程度上体现了：在人力资本层面，该平台对司机基本没有特别高的教育背景要求，更多关注个体的技能水平和与之相关的工作经历等。此外，基于分组统计，本书发现高中或中专学历以下的群体，更多在平台全职；大专及以上学历的群体在平台做兼职的更多。因此，受教育水平越高的零工的兼职可能性越大。

在制度层面，本书主要考虑了具有中国特色的户籍制度的影响，并根据问卷中“您是否拥有本地户口”这一问题来衡量个体户籍状态。本书将有本地户口的情况赋值为1，没有本地户口的赋值为0。根据全样本描述性统计结果得出，仅5 607人为本地户籍，占全样本的45.25%，不到总体的一半；而非本地户口者则占总数的54.75%（6 783人）。其中，平台兼职者中，拥有本地户口的人超过半数（51.56%），而有本地户口的全职司机仅占全职样本的36.57%。因此，有本地户口的人在平台兼职的概率要高于非本地户口者。

在家庭因素变量方面，根据理论框架和假设内容，本书关注个体婚姻状况和孩子数量。平台上，已婚司机有10 531人，占总体的大部分（85%）；未婚司机仅有1 859人，仅占总数的15%。全职者中，约有4 356名已婚司机；兼职者中，约有6 166名已婚司机。可以看出，相较于未婚者，已婚司机选择在平台兼职的可能性更大。本书将子女数量设置为连续变量，依据问卷中问题“您有几个子女”来衡量。总体上，均值（1.09）显示平台上一个孩子的情况最为普遍，其中，兼职者的孩子数量均值略低于全职者，但差别并不大。

基于框架，对于个体特征因素，本书选取了性别变量。平台上的男性司机有12 096人，占了绝大多数（97.63%），可能与汽车驾驶的职业性别隔离有关。虽然在全职和兼职群体中男性数量均远高于女性，但可以看出，选择兼职的男性司机数量（7 003）高于选择全职的男性司机（5 093）。因此，相较于女性，男性的兼职概率可能更高。

此外，研究还控制了司机的消费类型，用司机平台收入的支出方向来判断。平台收入只用于支持自身和家人生存的人为“生存型”；平台收入的支出中有一项或以上为发展型消费（娱乐、教育、旅游等）的人则为“发展型”。本书使用问卷中关于网约车司机平台收入用途的多选题来判断其消费支出方向：“您开网约车挣的钱主要用于哪些支出？”备选项包括：赡养父母、子女教育、看病、房屋每月按揭、房租、车贷、生活日用等生存型消费，学习教育培训、家电、装修、数码产品等改善型消费，娱乐、旅行、购买奢侈品等享受型消费，以及其他类型消费。将网约车收入来源主要用来赡养父母、子女抚养和教育、看病、房屋按揭、房租、车贷和生活日用等生存需求的司机归为生存型，赋值为0；将网约车收入除了用于满足以上需求外，还满足或主要为了满足学习、教育、培训、家电、装修、数码产品等改善型消费，娱乐、旅行、购买奢侈品等享受型消费或其他类别消费中的任意一项或多项的司机归为发展型，赋值为1。本书发现大多数司机（9 474）在平台工作是为了谋求生存，而发展型消费者只有2 916人，不到总数的1/4（23.54%）。其中，在平台兼职的发展型个体占兼职样本总数的22.34%，全职的发展型个体占全职样本总数的25.18%，则发展型个体在平台兼职的倾向可能更小。

以上工作经历和其他控制变量描述性统计的结果基本同本书上一章的假设相似，有待之后的内容进行验证。

（4）中介变量

为进一步探究网约车司机的工作经历对其工作类型选择的作用机制，

本章从个体和家庭两个层面入手，分别引入个体在平台的风险偏好和家庭支持度两个中介变量进行实证分析。

第一，过往工作经历通常能够影响个体的就业风险态度，而风险态度又会作用于其就业选择行为。研究中的风险厌恶型是指那些愿意与平台保持长期稳定关系的骑手，而风险接受型则是不愿与平台保持稳定关系的骑手。本书通过同平台签订劳动合同的意向来判断个体层面的风险偏好，问卷中针对“您是否愿意与平台签订劳动合同?”的问题，判断回答“愿意”的人为风险厌恶型，回答“否”的人为风险接受型。统计结果显示，平台上超过70%（9 092人）的司机为风险厌恶型。此外，平台兼职者中，风险厌恶型超过半数，占兼职总体的66.78%；而平台全职者中，风险厌恶型更是占全职总体的82.47%。因此，相较于风险接受型个体，风险厌恶者更有可能在平台全职。

第二，个体过往的工作经历会影响家人对其工作的态度，而家人的态度也会对其就业选择行为带来影响。家庭层面的支持度研究通过问卷中“您的家人是否支持您开网约车”这一问题衡量，回答“支持”的赋值为1，“不支持”的赋值为2，“无所谓”的赋值为3。总体上，获得家庭支持的司机有8 464人，占绝大多数（68.31%）；家庭不支持的司机仅有748人，不到总体的7%；其余25.65%的司机家庭则表示无所谓。在平台兼职者中，得到家庭支持的司机占兼职样本总量的64.73%；在平台全职者中，获得家庭支持的司机占全职样本总量的73.25%；家庭态度为“不支持”的司机，选择兼职和全职的数量近似（分别为401和347）；选择“无所谓”的兼职、全职者分别有2 130人和1 048人。这在一定程度上体现了：来自家庭的支持可能更能增加个体选择在平台全职的概率；家人对其开网约车若持无所谓的态度，则兼职倾向会更大；“不支持”司机开网约车的家庭态度可能不会对其工作类型选择有显著影响。因此，风险态度和家庭支持度可能在个体工作经历和工作类型选择之间起中介作用。

4.2 实证结果分析

4.2.1 工作类型选择分析——二元Probit回归

本书首先采用二元Probit模型估计工作经历对零工在两种平台工作类型之间选择的影响，表4-3和表4-4分别给出了工作经历对司机平台工作类型选择影响的总体回归结果及边际效应分析结果。在模型1至模型4中，本部分分别加入工作时间、国有企事业单位工作经历、产能过剩行业工作经历、负面求职经历进行回归，以观察单一因素的影响情况。模型5则加入了以上所有变量，进行总体回归。过程中，研究还控制了司机的运营成本因素和城市固定效应。

表4-3 工作经历与平台工作类型选择的Porbit回归结果

工作类型选择 平台兼职（平台全职=0）	模型1	模型2	模型3	模型4	模型5
	驾龄回归	国有企事业单位工作经历回归	产能过剩行业工作经历回归	负面求职经历回归	总体回归
驾龄	0.0055 (0.0049)				0.0085* (0.0050)
驾龄^2	-0.0001 (0.0002)				-0.0002 (0.0002)
有国有企事业单位工作经历（没有=0）		-0.0292 (0.0429)			-0.0380 (0.0435)
来自产能过剩行业（不是=0）			-0.6207*** (0.0450)		-0.6012*** (0.0453)
有负面求职经历（没有=0）				-0.1823*** (0.0248)	-0.1543*** (0.0250)

续表

工作类型选择 平台兼职（平台全职=0）	模型1 驾龄回归	模型2 国有企事业单位工作经历回归	模型3 产能过剩行业工作经历回归	模型4 负面求职经历回归	模型5 总体回归
受教育水平（初中及以下=0）					
高中或中专	0.2493*** (0.0346)	0.2415*** (0.0347)	0.2500*** (0.0347)	0.2442*** (0.0348)	0.2387*** (0.0349)
大专	0.6932*** (0.0412)	0.6776*** (0.0413)	0.6935*** (0.0412)	0.6814*** (0.0414)	0.6729*** (0.0416)
本科	1.0219*** (0.0521)	0.9950*** (0.0523)	1.0232*** (0.0522)	0.9871*** (0.0524)	0.9724*** (0.0528)
硕士研究生及以上	1.3207*** (0.1798)	1.2723*** (0.1807)	1.3232*** (0.1801)	1.2773*** (0.1811)	1.2499*** (0.1817)
本地户口（非本地=0）	0.0346 (0.0298)	0.0457 (0.0282)	0.0476* (0.0283)	0.0540* (0.0283)	0.0391 (0.0302)
已婚（未婚=0）	0.1830*** (0.0437)	0.1812*** (0.0437)	0.1868*** (0.0436)	0.1846*** (0.0438)	0.1755*** (0.0440)
子女数量	−0.0117 (0.0213)	−0.0069 (0.0211)	−0.0088 (0.0211)	0.0016 (0.0213)	−0.0031 (0.0214)
男性（女性=0）	0.0941 (0.0804)	0.1106 (0.0806)	0.0977 (0.0804)	0.1153 (0.0803)	0.1263 (0.0806)
发展型消费（生存型=0）	−0.1363*** (0.0290)	−0.1274*** (0.0290)	−0.1366*** (0.0290)	−0.1332*** (0.0291)	−0.1236*** (0.0292)
城市固定效应	控制	控制	控制	控制	控制
常数项	−0.2467*** (0.0936)	−0.1259 (0.0925)	−0.2227** (0.0914)	−0.1999** (0.0915)	−0.1567* (0.0948)
观测值	12 185	12 185	12 185	12 185	12 185
（伪）R^2	0.1387	0.1387	0.1505	0.1419	0.1530

注：*、**、***分别代表在 10%、5% 和 1% 的水平上显著，括号内为标准误。

在人力资本因素中，受教育水平和个体选择平台兼职的概率正相关，受教育水平对平台工作类型选择的影响均在1%的水平上显著。本书选择受教育水平为初中及以下的司机为控制组，与之相比，其他水平的零工兼职概率较高，结果符合已有文献的研究结论（Husain，2014；Amuedo-Dorantes & Kimmel，2009；Van der Sluis，Van Praag & Vijverberg，2008；Brown，Farrell & Harris，2011；Lucas，1978；Calvo & Wellisz，1980；Atherton，Faria，Wheatley，et al.，2016），即受教育水平较高意味着个体在正规或其他就业领域中有更好的工作机会，此类群体完全转入零工就业的成本相对较高，更易选择在平台兼职。此结论印证了本书的假设5：相较于受教育水平较低的零工，受教育水平较高的人在平台兼职的概率更高。

总体回归结果显示，制度层面的户口因素对平台工作类型选择的影响其实并不显著，与假设6“持本地户口的零工比非本地户口者在平台兼职概率更高”的预期和传统非正规就业研究结论（Chai & Chai，1997；Huang & Clark，2002；Huang & Jiang，2009；Logan，Fang & Zhang，2009；Y. P. Wang，Y. L. Wang & J. S. Wu，2010；W. P. Wu，2002，2004；李国光，2007）并不相符。这在一定程度上体现了，某些传统社会政策和制度的影响在新形态的零工就业内部可能被大幅削弱，甚至基本消除了。数字技术的普及在大大降低劳动者的工作搜寻成本的同时，也提高了他们的工作效率，对市场上缺乏比较优势的群体（例如，没有本地户口且技能水平较低的群体）而言，即使不能顺利进入正规就业领域，也能够借助数字技术同时从事多份不同类型的工作、服务于多类平台，并不一定只能依赖于单一类型平台的工作而选择在平台全职。

在家庭因素中，婚姻状况在1%的水平上显著影响平台工作类型选择，相较于未婚者，已婚零工在平台兼职的概率更大，此结论证明了假设7推测的正确性。个体在平台的工作类型选择，受到家庭劳动力供给决策的影响和干扰，导致与未婚者相比，已婚者在平台兼职概率更高

(Becker，1991；Neil，Mark & Morlock，1982)。然而，回归结果显示，子女数量对个体平台工作类型选择的影响并不显著，不符合假设8所提出的“零工个体的兼职概率会随着孩子数量增加而下降”的情况，也不符合传统灵活就业“生孩子会减少劳动者可从事有偿工作的时间，孩子数量的增长会导致其兼职概率的下降”的研究观点。此外，这一影响可能与个体在家庭内的劳动分工相关，对于承担家庭工作较多的人，孩子数量越多，同时从事多类零工工作的倾向（兼职倾向）会有所降低。同样得益于社会的发展和数字技术的使用，零工就业工作时间、地点和方式的灵活性使得即使同时有两个或两个以上孩子的父母，也有能力选择同时从事多类平台工作（平台兼职）。

人口学因素中，性别的影响在各回归中均不显著，不符合假设9的推测。这在一定程度上说明，零工就业领域还是存在按性别划分的职业隔离现象的（Rosti & Chelli，2005；Williams，2012)，可能是受到身体条件的限制，女性难以从事体力要求比较大的工作（外卖、网约车)。因此，平台上女性的数量非常少，这可能是性别影响不显著的原因。

从消费类型来看，该因素和平台工作类型选择在1%的水平上显著负相关，即相较于生存型消费者，发展型消费者在平台兼职的可能性更低。因为生存型个体的收入主要用于支持自己和家人生存的开支，在单一平台，特别是在类似外卖、网约车等单位时间收入较低的低技能平台工作可能并不足以满足其生存所需，所以同时从事多份工作的可能性较大(Deci & Ryan，2008；Gagne & Forest，2008)。结论验证了假设10的成立。

此外，网约车运营成本也与个体平台兼职的概率显著负相关，个体平台兼职概率随成本的增加而下降。

最后探讨核心解释变量——包括工作时间、国有企事业单位工作经历、产能过剩行业工作经历和负面求职经历四个变量。

第一，观察工作时间的效应。总体回归结果显示，驾龄和个体兼职概率显著正相关，符合假设1的推测，但影响仅在10%的水平上显著，显著性略低。驾龄[2]对个体工作类型选择的影响并不显著，表明二者之间并不存在U形或者倒U形关系。工作时间较短者需要投入大量时间去适应新的工作内容、流程、方法，多选择全职；而工作时间越长者的兼职可能性越高，原因在于其已经累积了业内较为丰富的经历，通过“干中学”提高了劳动生产率和工作场所其他经济性及非经济性回报。同时，劳动者就业的风险偏好降低，更愿意也更有条件选择兼职的工作类型（Bates，1995；Bruderl，Preisendorfer & Zoegler，1992；Cressy，1996；Georgellis，Sessions & Tsitsianis，2005a）。

第二，无论是在总回归还是国有企事业单位工作经历的分回归中，国有企事业单位工作经历的影响均不显著，与之前假设2认为的“有国有企事业单位工作经历的零工比没有此类经历的零工在平台的兼职概率更高”并不相符。这可能是因为部分传统国有企事业单位的资源优势及其所具备的就业安全性、稳定性仅适用于解释特定工业化大生产条件下的情况（Bell，Hart & Wright，1997）。供给侧结构性改革以来，特别是市场开放性的显著提升和数字化时代的到来，使得以传统制造业为主的大部分国企原本的政策优势和资源优势不再明显，有些甚至存在“规模大、转型难、效益低”等问题，这部分国企并不能给劳动者带来较丰厚的收入和稳定的工作保障，并且，本书观察发现技能要求比较低的基础、通用技能平台上的零工又多来自此类单位。上述新时代背景下，有没有国有企事业单位工作经历，特别是传统制造业国企工作经历，对于零工群体而言实际上并没有那么重要，这部分影响变得不再显著。同时，有别于传统的雇员和工人，新就业形态下劳动者的需求更加多样化和个性化，“稳定”并非唯一和主要的诉求，而国有企事业单位传统的“单位制”和“铁饭碗”并不能快速适应这些新生需求。因此，这也可能是国有企事业单位工作经历对零工工作类型选择影响变得不再显著的另一个原因。

第三，产能过剩行业工作经历与个体的平台兼职概率在1%的水平上显著负相关，即相较于无该经历的个体，来自产能过剩行业的司机在平台兼职的概率更低，符合假设3的推测。产能过剩行业的个体存在本身所拥有的技能陈旧、落后，随着这些行业的生产日趋现代化，劳动者的技能和现代化生产需求严重“失配”的情况，从原行业“析出”后，更容易发现并抓住诸如零工就业等新就业机会。又由于自身技能欠缺（李晓曼，孟续铎，2017），且具有较低的自信水平，很可能只选择进入并依赖于技能水平和专业化程度要求较低的单一类型平台进行全职工作。因此，来自产能过剩行业的个体的兼职概率比不是来自产能过剩行业者要低。

第四，负面求职经历与平台兼职概率同样在1%的水平上显著负相关，有过该经历的个体比没有相关经历的人在平台兼职的可能性要低，结果符合假设4的推论。已有研究证明：负面求职经历会给个体带来就业经历中的负面情绪（Kumar，Irudayaraj & Jomon，2014），但有过类似经历的人，更能体会自己的就业困境（Carr，1996；Buttler & Sierminska，2019），且认为进入零工就业领域的转入成本相对较低（Parker & Simon，2005；Folta，2010），因而，他们更愿意投入和依赖于单一类型平台而选择在该类平台全职工作。

由于Probit模型的参数并不直观，只能从符号和显著性方面给出有限的信息，因此，研究进一步计算了各解释变量对平台工作类型选择的边际效应（见表4-4），以便更好地解释异质性。如表4-4所示，总回归中，相较于初中及以下学历者，高中或中专、大专、本科、硕士研究生及以上学历司机的兼职概率分别高出：8.57%、23.28%、31.94%及38.52%。可以看到，初中及以下学历司机的兼职概率最低，该概率随个体受教育水平的提高而显著增加。在人口学的性别因素方面，男性比女性兼职的可能性要显著高4.14%。相较于生存型消费的司机，发展型消费者选择平台兼职的概率要低4.06%。家庭因素中，已婚者的兼职概率比未婚者显著高5.76%。

表4-4　　工作经历对平台工作类型选择的边际效应结果

平台兼职（平台全职=0）	模型1 驾龄回归	模型2 国有企事业单位工作经历回归	模型3 产能过剩行业工作经历回归	模型4 负面求职经历回归	模型5 总体回归
驾龄	0.0018 (0.0016)				0.0028* (0.0016)
驾龄 ^{2}	-0.0000 (0.0001)				-0.0001 (0.0001)
有国有企事业单位工作经历（没有=0）		-0.0097 (0.0143)			-0.0125 (0.0143)
来自产能过剩行业（不是=0）			-0.2043*** (0.0145)		-0.1972*** (0.0146)
有负面求职经历（没有=0）				-0.0606*** (0.0082)	-0.0506*** (0.0082)
受教育水平（初中及以下=0）					
高中或中专	0.0910*** (0.0126)	0.0913*** (0.0126)	0.0879*** (0.0125)	0.0878*** (0.0126)	0.0857*** (0.0125)
大专	0.2442*** (0.0143)	0.2443*** (0.0143)	0.2366*** (0.0142)	0.2376*** (0.0143)	0.2328*** (0.0142)
本科	0.3397*** (0.0158)	0.3401*** (0.0159)	0.3250*** (0.0159)	0.3301*** (0.0160)	0.3194*** (0.0160)
硕士研究生及以上	0.4086*** (0.0375)	0.4093*** (0.0375)	0.3931*** (0.0387)	0.3954*** (0.0389)	0.3852*** (0.0394)
户籍状况（非本地=0）	0.0116 (0.0100)	0.0159* (0.0094)	0.0178* (0.0093)	0.0152 (0.0094)	0.0128 (0.0099)
婚姻状态（未婚=0）	0.0611*** (0.0146)	0.0624*** (0.0145)	0.0608*** (0.0144)	0.0603*** (0.0145)	0.0576*** (0.0144)
子女数量	-0.0039 (0.0071)	-0.0029 (0.0071)	0.0005 (0.0070)	-0.0023 (0.0070)	-0.0010 (0.0070)
性别（女性=0）	0.0314 (0.0268)	0.0326 (0.0268)	0.0380 (0.0264)	0.0368 (0.0268)	0.0414 (0.0264)
消费类型（生存型=0）	-0.0455*** (0.0096)	-0.0456*** (0.0096)	-0.0438*** (0.0096)	-0.0424*** (0.0096)	-0.0406*** (0.0096)
周运营成本	-0.0001*** (0.0000)	-0.0001*** (0.0000)	-0.0001*** (0.0000)	-0.0001*** (0.0000)	-0.0001*** (0.0000)
城市固定效应	控制	控制	控制	控制	控制
观测值	12 185	12 185	12 185	12 185	12 185

注：*、**、***分别代表在10%、5%和1%的水平上显著，括号内为标准误。

接下来探讨核心解释变量——工作经历——的影响。

总回归中，工作时间维度上，模型5结果显示，驾龄每增长一年，司机选择在平台兼职的概率会显著提高0.28%；来自产能过剩行业者比非相关经历者的兼职概率显著低19.72%；有负面求职经历的人比没有相关经历者的兼职概率要低5.06%。模型2至模型4的分项回归结果显示，产能过剩行业工作经历的影响最大，相较于没有该经历的人，来自产能过剩行业的司机选择平台兼职的可能性显著要低20.43%；负面求职经历带来的影响次之，遭遇过不平等待遇的人比没有此经历的人选择平台兼职的概率要低6.06%；而国有企事业单位工作经历的影响并不显著。

4.2.2 影响机制检验——二元Probit和Oprobit逐步回归

以往灵活就业研究多探索风险偏好和家庭支持度对个体参与灵活就业的影响和中介作用，国内也有学者（杨伟国，李晓曼，吴清军等，2021）将风险偏好和家庭支持度作为劳动者保留工资决定的中介变量进行影响机制的检验，但都较少关注这两个变量对个体就业（工作）类型选择的中介作用。

Kihlstrom和Laffont（1979）从理论层面出发，摒弃对风险态度的同质性假设，通过研究得出结论：对于风险规避程度较低的人，进入灵活就业的可能性更大。Ekelund等（2005）基于芬兰的心理研究数据，进行实证检验，结果证明规避风险对成为灵活就业者的选择有负面影响。此结论不仅适用于具体案例，来自包括Cramer等（2002）在内的大量实证研究也得出相同的结论。Caliendo等（2009）证实了更低风险厌恶水平的个体具有更大的灵活就业倾向，但仅适用于打工者。相反，对于以前失业或没有工作的个体的就业决策，该变量不会产生显著影响。需要注意的是，个体的风险态度会直接影响其对较高的平均预期收入是否能补偿与此类就业情况相关的较高风险水平的评估（Rees & Shah，1986；Åstebro & Chen，2013；Douglas & Shepherd，2002）。

此外，已有灵活就业参与决策的因素研究中，家庭支持一般包括两个层面：资源支持和精神支持。若家庭给予个体足够的支持，则其进入零工就业的可能性会更大（Bosma，Van Praag，Thurik，et al.，2004），而有研究显示，家庭和工作的冲突度会显著增加劳动者的离职意愿（Lambert，Qureshi，Frank，et al.，2017）。

为进一步探究网约车司机的工作经历对其工作类型选择的作用机制，本书从个体和家庭两个层面入手引入个体在平台的风险偏好和家庭支持度两个中介变量进行实证分析。

第一，过往工作经历通常能够影响个体的就业风险态度，而风险态度又会作用于其就业选择行为。传统非正规就业理论常通过个体“是否建立对冲”等方式去衡量其风险偏好，认为：相较于正规就业，非正规就业相对不稳定，风险厌恶型劳动者更可能为了维持就业和收入的相对稳定而选择兼职就业，以建立对冲、降低风险。与之相反，风险接受型劳动者在非正规就业中全职可能性会更大。然而，区别于上述理论，本书中的风险偏好则是针对已经进入平台工作的劳动者，用其是否愿意与平台保持稳定的长期关系来衡量：风险厌恶型群体是指那些愿意与平台签订劳动合同，保持长期稳定关系的骑手，而风险接受型则是不愿与平台保持稳定关系的骑手。个体的风险态度会影响其在平台的工作类型选择，风险厌恶型骑手比风险接受型骑手的平台全职概率可能要高。此外，描述性统计结果显示：风险厌恶型骑手占兼职总体的66.78%和全职的82.47%。因此，有别于以往的灵活就业理论中个体倾向通过兼职创业降低风险的结论，本书中，相较于风险接受型，风险厌恶的态度更有可能影响个体选择在平台全职。

第二，个体过往的工作经历会影响家人对其工作的态度，而家人的态度也会对其就业选择行为带来影响。本书通过问卷中“您的家人是否支持您开网约车？”的问题衡量“家庭层面的支持度”，回答“支持”的赋值为1，“不支持”的赋值为2，“无所谓”的赋值为3。总体上，获得家庭支持的司机有8 464人，占绝大多数（68.31%）；家庭不支持的司机仅有748人，不到总体的7%；其余25.65%的司机家庭则表示无所谓。在平台兼职者中，得到家庭支持的司机占兼职样本总量的64.73%；在平台全职者中，获得家庭支持的司机占全职样本总量的73.25%；家庭态度为“不支持”的司机，选择兼职和全职的数量近似（分别为401和347）；选择“无所谓”的兼、全职者分别有2 130人和1 048人。这在一定程度上体现了：相较于兼职，来自家庭的支持可能更能增加个体选择在平台全职的概率；家人对其开网约车若持无所谓的态度，则兼职倾向会更大；“不支持”司机开网约车的家庭态度可能不会对其工作类型选择有显著影响。因此，风险态度和家庭支持度可能在个体工作经历和工作类型选择之间起中介作用。

综上，风险偏好较低的个体往往会通过全职来维持与平台的稳定关系；而受到更多家庭支持的人在平台全职的可能性会高一些。由于个体的过往工作经历会影响其自身的风险偏好及家庭对其从事零工就业的态度，而风险偏好和家庭支持与否的态度又会作用于个体在就业领域的选择行为，在此部分，本书主要关注工作经历如何通过影响个体的风险偏好和家庭支持度，最终作用于个体在平台的工作类型选择行为。此外，由于驾龄影响显著性较低，国有企事业单位工作经历影响不显著，本部分将重点放在产能过剩行业工作经历和负面求职经历两个因素上。

影响机制检验采用逐步法，第一步分别使用二元Probit和Oprobit模型用工作经历回归个体在平台的风险偏好和家庭支持度，再通过Probit模型逐步在工作类型选择的回归方程中加入两个中介变量并观察工作经历的两个因素的系数变化，验证结果见表4-5。

表4-5　中介效应检验结果

	被解释变量					
	个体风险偏好	家庭支持度	工作类型选择			
	模型6	模型7	模型8	模型9 无家庭支持度	模型10 无风险偏好	模型11 总回归（二者都有）
来自产能过剩行业（不是=0）	0.3063*** (0.0503)	0.1293*** (0.0444)	-0.6012*** (0.0453)	-0.5722*** (0.0456)	-0.5984*** (0.0453)	-0.5715*** (0.0456)
有负面求职经历（没有=0）	0.1519*** (0.0251)	0.1221*** (0.0231)	-0.1543*** (0.0250)	-0.1360*** (0.0252)	-0.1505*** (0.0250)	-0.1348*** (0.0252)
风险偏好						
风险厌恶（风险接受=0）				-0.4360*** (0.0293)		-0.4301*** (0.0296)
家庭支持度					-0.0753*** (0.0209)	-0.0286 (0.0213)
驾龄	控制	控制	控制	控制	控制	控制
有国有企事业单位工作经历（没有=0）	控制	控制	控制	控制	控制	控制
其他变量	控制	控制	控制	控制	控制	控制
城市固定效应	控制	控制	控制	控制	控制	控制
观测值	12187	12197	12185	12185	12185	12185
（伪）R^2	0.0306	0.0184	0.1530	0.1667	0.1538	0.1668

注：*、**、***分别代表在10%、5%和1%的水平上显著，括号内为标准误。

模型6和模型7分别报告了产能过剩行业工作经历和负面求职经历对个体风险偏好和家庭支持度的影响。个体层面上，产能过剩行业工作经历会显著提高个体的风险厌恶程度，相较于非相关经历者，来自产能过剩行业司机的风险厌恶程度更高，更愿意与平台保持稳定且长期的工作关系。可能因为从原行业“析出”后，劳动者已有技能陈旧，与现代化生产、需求不相适配，却能较快适应技能要求比较低的零工行业（例如，外卖），也更容易对低技能的特定类型平台产生依赖，并希望与之保持长期稳定的工作关系。负面求职经历也会降低个体的自信水平，从而提高司机的风险厌恶水平（李晓曼，孟续铎，2017），但其提升幅度小于产能过剩行业工作经历。在家庭层面上，二者都会显著提升家庭对司机在平台工作的支持度。因为这两种工作经历可能给个体带来较多的主、客观层面的消极影响，相较于过往工作，家庭也会更为支持其参与到新的零工就业中。

模型8为基准回归，模型9至模型11中逐步加入两个中介变量，总体上，风险厌恶的态度和家庭支持度的增加会显著降低个体的兼职可能，而增加个体选择平台全职的概率，提高其对单一类别平台收入的依赖性和对在该类平台工作的投入程度（Lambert，Qureshi，Frank，et al.，2017），其中，风险偏好的贡献更大一些。此外，加入中介变量后，两个工作经历因素对平台工作类型选择的贡献都有所减弱，说明二者对工作类型选择效用中的一部分是通过影响个体层面的平台风险偏好和家庭层面的支持度来实现的，风险偏好和家庭支持度起到了部分中介效应。其中，风险偏好对来自产能过剩行业和有过负面求职经历群体的中介作用均大于家庭支持度的中介作用。

4.2.3 异质性分析

4.2.3.1 消费类型的异质性分析

消费类型可反映个体在平台的工作目的，不同消费类型个体的平台工作目的不一，包括以追求经济收入为主的“维持生存型”和以期实现自我价值、工作满足、技能多样化等非物质需求的“谋求发展型”。

基于传统兼职就业研究的“时间约束”论（Conway & Kimmel，1998；Hamel，1967；Guthrie，1969；Krishnan，1990；Böheim & Taylor，2004）

和“工作组合”论（Schwarze，1991；Smith，Conway & Kimmel，1998；Böheim & Taylor，2004；Choe，Oaxaca & Renna，2018），就业目的不同，零工的工作类型选择也会有所差异，则本小节主要探索：工作经历对抱有不同工作目的的两种消费类型个体的工作类型选择的影响是否存在显著差异？

表4-6显示了基于样本总体与两种消费类别司机的平台工作类型选择的系数和边际效应回归结果。研究可通过模型12来考察工作经历对不同消费类型是否存在显著的差异；通过模型13和模型14，研究能够分析工作经历在不同消费类型群体中具体的效应差异。

表4-6　工作类型选择的消费类型异质性分析

	混合样本		发展型		生存型	
平台兼职（平台全职=0）	模型12		模型13		模型14	
	系数	边际效应	系数	边际效应	系数	边际效应
发展型消费（生存型=0）	−0.1702*** (0.0638)	−0.0558*** (0.0209)				
驾龄	0.0077 (0.0051)	0.0025 (0.0017)	0.0011 (0.0102)	0.0004 (0.0034)	0.0107* (0.0057)	0.0035* (0.0019)
驾龄^2	−0.0002 (0.0002)	−0.0001 (0.0001)	0.0002 (0.0003)	0.0001 (0.0001)	−0.0003 (0.0002)	−0.0001 (0.0001)
有国有企事业单位工作经历（没有=0）	0.0172 (0.0512)	0.0057 (0.0168)	−0.2081** (0.0828)	−0.0687** (0.0273)	0.0277 (0.0514)	0.0090 (0.0167)
来自产能过剩行业（不是=0）	−0.6541*** (0.0521)	−0.2144*** (0.0167)	−0.4327*** (0.0923)	−0.1428*** (0.0301)	−0.6561*** (0.0522)	−0.2138*** (0.0166)
有负面求职经历（没有=0）	−0.1576*** (0.0285)	−0.0516*** (0.0093)	−0.1401*** (0.0521)	−0.0463*** (0.0171)	−0.1598*** (0.0285)	−0.0521*** (0.0093)
驾龄×发展型消费	0.0042 (0.0045)	0.0014 (0.0015)				

续表

	混合样本		发展型		生存型	
国有企事业单位工作经历×发展型消费	−0.1977** (0.0952)	−0.0648** (0.0312)				
产能过剩行业工作经历×发展型消费	0.2220** (0.1051)	0.0728** (0.0344)				
负面求职经历×发展型消费	0.0124 (0.0589)	0.0041 (0.0193)				
其他变量	控制	控制	控制	控制	控制	控制
城市固定效应	控制	控制	控制	控制	控制	控制
常数项	−0.1473 (0.0956)		−0.3304* (0.1876)		−0.1820* (0.1106)	
观测值	12 185		2 871		9 312	
（伪）R^2	0.1536		0.1594		0.1535	

注：*、**、***分别代表在10%、5%和1%的水平上显著，括号内为标准误。

本书在模型12中构造了消费类型与工作时间（驾龄）、国有企事业单位工作经历、产能过剩行业工作经历、负面求职经历的交互项，以检验工作经历对司机平台工作类型选择的影响是否存在显著差异。回归结果显示：国有企事业单位工作经历和产能过剩行业工作经历这两个因素的影响在不同消费类别的司机中存在显著差异，有过国有企事业单位工作经历的发展型司机比生存型司机在平台兼职的概率要显著低6.48%，来自产能过剩行业的发展型司机比生存型司机在平台兼职的概率要高7.28%。对比模型13和模型14的分样本结果，本书发现国有企事业单位工作经历仅对发展型司机的工作类型选择影响显著，而对生存型司机并无显著影响，且发展型群体中，有国有企事业单位工作经历者比没有相关经历的人在平台兼职的概率低6.87%。来自产能过剩行业对发展型和生存型司机的平台工作类型选择均有1%水平上的显著影响：相较于没有相关经历的司机，发展型和生存型个体在平台兼职的概率分别低14.28%和21.38%。以上结果暗示了：国有企事业单位工作经历和来自产能过剩行业的系数差异可能是造成两种消费类型零工工作类型选择差异的重要原因。

国有企事业单位工作经历只显著影响发展型而非生存型司机的平台选择行为。有国有企事业单位工作经历比没有相关经历的发展型个体选择平台兼职的概率要低，原因在于“铁饭碗”意识一定程度上增加了发展型司机稳定在单一类型平台的概率，加大了他们对该类平台工作和收入的依赖程度。反映到本书中，国有企事业单位工作经历虽然会给个体带来主、客观层面的影响，但本书认为不同消费类型的群体所受影响会有差异，原因在于他们的关注和需求上存在的差异。对主要追求自我价值实现、工作满足、建立多样化技能的发展型零工而言，国有企事业单位工作经历会更多作用于其主观的文化、意识层面，而主观影响会一直延续，甚至辐射之后的个体就业选择行为。因此，受到国有企事业单位特有的“铁饭碗”和“单位制”文化的影响（Bell，2013；韩雷，陈华帅，刘长庚，2016），发展型零工稳定在单一类型平台的全职倾向比没有相关经历者更强，兼职概率也就较低。虽然前文推测“铁饭碗”文化可能降低个体的风险偏好，受到影响的个体会通过兼职以降低就业风险、减少就业转入的沉没成本等（Parker & Simon，2005；Folta，2010），但发展型个体大多属于风险接受型，并不像生存型个体那样大部分有建立此类就业风险“对冲”的需求。假设2以及本章针对总体的描述性统计都推测了有国有企事业单位工作经历个体的平台兼职概率比没有相关经历者要高，而异质性分组的回归结果却显示了有国有企事业单位工作经历发展型个体的平台兼职倾向会更低一些，二者实际并不冲突，因为假设和描述的对象是样本总体，而非任一分样本，所以结果会有所不同。

4.2.3.2　户籍状况的异质性分析

本书探索的是中国情境下的零工就业状况，中国特色的户籍机制是研究制度层面重点考虑的影响因素。总体样本回归结果显示，户籍对司机工作类型选择的影响并不显著。然而，传统的非正规就业研究已验证了户籍状况对微观层面个体的就业选择行为和收入水平都有显著影响，且处于不同户籍状态的个体的就业选择行为也有差异（Chai & Chai，1997；Huang & Clark，2002；Huang & Jiang，2009；Logan，Fang & Zhang，2009；Y. P. Wang，Y. L. Wang & J. S.Wu，2010；W. P. Wu，2002，2004；李国光，2007；章莉，李实，Darity等，2014）。那么，处于不同户籍状况零工的工作经历的影响是否存在显著差异，是此部分要关注的内容。

研究将平台司机依据“是否具有本地户口”为标准划分为两个组别进行回归。表4-7显示了基于样本总体、本地户口和非本地户口司机的平台工作类型选择的系数和边际效应回归结果。可通过模型15来分析工作经历对不同户籍状况司机的选择行为是否存在显著差异；通过模型16和模型17能够探析工作经历在两类户籍零工中影响效用的不同。

表4-7　　　工作类型选择的户籍状况异质性分析

平台兼职（平台全职=0）	总体		本地户口		非本地户口	
	模型15		模型16		模型17	
	系数	边际效应	系数	边际效应	系数	边际效应
户籍状况（非本地=0）	0.0599 (0.0594)	0.0196 (0.0195)				
驾龄	0.0078 (0.0051)	0.0026 (0.0017)	0.0181*** (0.0068)	0.0055*** (0.0021)	0.0029 (0.0080)	0.0010 (0.0027)
驾龄^2	−0.0002 (0.0002)	−0.0001 (0.0001)	−0.0004* (0.0002)	−0.0001* (0.0001)	−0.0002 (0.0003)	−0.0001 (0.0001)
驾龄×本地户口	0.0033 (0.0042)	0.0011 (0.0014)				
有国有企事业单位工作经历（没有=0）	−0.1527** (0.0729)	−0.0500** (0.0239)	0.0059 (0.0549)	0.0018 (0.0168)	−0.1394* (0.0729)	−0.0479* (0.0250)

续表

平台兼职（平台全职=0）	总体		本地户口		非本地户口	
	模型 15		模型 16		模型 17	
	系数	边际效应	系数	边际效应	系数	边际效应
国有企事业单位工作经历×本地户口	0.1721* (0.0907)	0.0564* (0.0297)				
来自产能过剩行业（不是=0）	−0.5365*** (0.0620)	−0.1759*** (0.0201)	−0.6634*** (0.0664)	−0.2034*** (0.0198)	−0.5445*** (0.0620)	−0.1872*** (0.0210)
产能过剩行业工作经历×本地户口	−0.1350 (0.0904)	−0.0442 (0.0296)				
有负面求职经历（没有=0）	−0.1090*** (0.0332)	−0.0357*** (0.0109)	−0.2137*** (0.0381)	−0.0655*** (0.0116)	−0.1088*** (0.0333)	−0.0374*** (0.0114)
负面求职经历×本地户口	−0.1032** (0.0502)	−0.0338** (0.0165)				
其他变量	控制	控制	控制	控制	控制	控制
城市固定效应	控制	控制	控制	控制	控制	控制
常数项	−0.1733* (0.0968)		−0.1617 (0.1370)		−0.1585 (0.1485)	
观测值	12 185	12 185	5 546	5 546	6 638	6 638
（伪）R^2	0.1537		0.1535		0.1334	

注：*、**、***分别代表在 10%、5% 和 1% 的水平上显著，括号内为标准误。

为了探索工作经历对司机平台工作类型选择的影响是否存在显著差异，模型 15 构造了个体的户籍状况和包括驾龄、国有企事业单位工作经历、产能过剩行业工作经历、负面求职经历在内的工作经历的交互项。回归结果显示：除驾龄和产能过剩行业工作经历外的其他两个因素对工作类型选择的影响在两种户籍类型样本中均有显著差异，有国有企事业单位工作经历的本地户口司机比非本地户口者显著多出 5.64% 的平台兼职率；有过负面求职经历的司机比没有相关经历的人在平台兼职概率要显著低

3.38%。对比分样本模型16和模型17的回归结果，国有企事业单位工作经历仅显著影响非本地户口司机，且与个体选择平台兼职的概率在10%的水平上显著负相关；负面求职经历虽然在两种户籍状况下对兼职率都有显著负向影响，但对非本地户口者的影响程度远小于对本地户口者的影响。

以上结果表明，国有企事业单位工作经历、负面求职经历在两种户籍状况下对个体工作类型选择的影响有显著异质性，二者的系数差异是造成两种户籍状况零工做出不同工作类型选择的重要原因。有国有企事业单位工作经历的本地户籍者比有相同经历的非本地户籍者的兼职概率要高，有负面求职经历的本地户籍者比有类似经历的非本地户籍者的兼职概率要低。

4.3 本章小结

本章首先采用了二元Probit模型系统分析和讨论了零工就业内部个体做出不同平台工作类型选择的情况和影响因素，旨在验证前文提出的研究假设是否成立。此外，研究还通过二元Probit和Oprobit回归进行了影响机制的检验。在这个过程中，研究重点关注工作经历的效用，并围绕着驾龄、国有企事业单位工作经历、产能过剩行业工作经历、负面求职经历，实证估计了样本总体，以及不同消费类型和不同户籍状态下工作经历的影响及不同组别之间影响的差异。基于以上分析和讨论，本章回答了：在数字零工就业领域，作为人力资本重要体现的过往工作经历，能够从不同维度的多个方面给个体在平台的工作类型选择行为带来不同影响的问题；工作经历如何通过影响个体的风险偏好和家庭支持度，最终作用于个体在平台的工作类型选择的问题；工作经历对不同户籍状态和消费类型零工工作类型选择影响的异质性问题。

主要结论如下：

第一，工作经历的不同因素对工作类型选择的影响不一。针对样本总体，在控制人力资本因素、家庭因素、人口学因素、其他因素（成本）和城市固定效应以后，发现工作时间、产能过剩行业工作经历和负面求职经历显著影响个体的平台工作类型选择，假设1（驾龄）、假设3（来自产能过剩行业）、假设4（负面求职经历）得到验证，但国有企事业单位工作经历并无显著影响，则假设2（国有企事业单位工作经历）与研究结论不符。

一是驾龄与司机在平台的兼职概率正相关，二者之间并不存在U形或者倒U形关系。个体在平台兼职的可能性随驾龄的增长而增加，结论验证了假设1。工作时间越长者的兼职可能性越高，原因在于其累积了较为丰富的经验，提高了自身劳动生产率，从而增加个体的工作保障、稳定性以及工作场所其他经济性和非经济性回报，与此同时，降低了自身的就业风险偏好，更愿意也更有条件选择兼职的工作类型。二是国有企事业单位工作经历并不显著影响零工平台工作类型选择，与假设2并不相符。原因可能是：供给侧结构性改革以来，特别是数字经济时代下，很多失去了资源、政策优势的国有企事业单位（特别是传统制造业）无法提供更丰厚的收入和更全面稳定的保障，丧失了比较优势，无法在客观上满足劳动者的需求，而基础、通用技能平台零工又多来自此类单位；同时，新就业形态下劳动者的需求更加多样化和个性化，“稳定”或“物质上”的满足可能并非其唯一的诉求，即便是对谋求生存的个体而言。因此，总体上看，国有企事业单位工作经历的影响大大削弱了。三是来自产能过剩行业的司机在平台兼职的概率更低，符合假设3的推论。来自产能过剩行业的个体可能在原行业累积的技能已陈旧、落后，不适应现代化生产和消费的需求，被原行业“析出”后，由于技能与需求的“失配”及自信水平与自我评价较低，这部分人更容易只选择进入并依赖于技能水平和专业化程度要求较低的单一类型平台，他们的兼职概率可能比非来自产能过剩行业的个体要低。四是有过负面求职经历的司机比没有相关经历的人平台兼职概率更低，因为有过负面求职经历的人更能够体会自己的就业困境，且具有较低的零工就业转入成本，因而更愿意投入和依赖于单一类型平台而全职，此结果符合假设4的推论。

第二，除了户籍、子女数量和性别对司机的平台工作类型选择影响不显著，不符合假设6（户籍）、8（子女）、9（性别）外，其他人力资本因素、家庭因素、人口学因素的影响显著，基本符合研究的假设推论。

一是工作经历以外的另一人力资本——受教育水平——也显著影响个体的工作类型选择。相较于受教育水平较低的司机，受教育水平较高的人在平台兼职的概率更高，因为这部分人完全转入零工就业的成本相对较高，更易选择在平台兼职，结论验证了假设5。二是制度层面户口机制的影响并不显著，不符合假设6的预期（认为“拥有本地户口的零工比非本地户口者在平台兼职的概率更高”）。数字技术的发展和普及在降低工作搜寻成本的同时，提高了劳动者的工作效率。在此条件下，那些没有本地户口且技能水平较低的缺乏比较优势的群体，即使隔离在正规就业领域之外，也能够借助数字技术同时拥有多种类型的工作，服务于多类平台。这在一定程度上体现了，某些传统社会政策和制度的影响在新形态的零工就业内部可能被大幅削弱，甚至基本消除。三是家庭因素中，婚姻状况显著影响个体工作类型选择，可能受到家庭劳动力供给决策的影响，已婚者比未婚者在平台兼职概率更高，验证了假设7；而孩子数量影响则不显著，不符合假设8“零工个体的兼职概率会随着孩子数量增加而下降”的推论。四是人口学因素中，性别对个体工作类型选择的影响不显著，与假设9的预期（男性比女性更易选择在平台兼职工作）不一致。这表明零工就业领域还是存在按性别划分的职业隔离现象，女性受到身体条件和技能的限制，仍较难进入体力和技术需求比较大的网约车或外卖平台等领域，平台上女性样本过少可能是影响不显著的重要原因之一。五是发展型个体选择平台兼职的概率比生存型个体更低，原因在于生存型个体的收入主要用于支持生存所需，在单一类型平台，特别是单位时间收入较低的低技能平台工作可能并不足以满足其生存所需，所以同时从事多份工作的可能性较大，验证了假设10的成立。

第三，个体风险偏好和家庭支持度对工作经历（产能过剩行业工作经历、负面求职经历）的影响有部分中介作用。

过往工作经历会影响个体的就业风险偏好及家庭对其工作的支持程度，而后者又会作用于个体工作类型选择，因此，在影响机制检验部分，本书探索就业风险偏好和家庭支持度的中介作用。由于驾龄对工作类型选择影响显著性较低，国有企事业单位工作经历影响不显著，在此部分，本书主要关注产能过剩行业工作经历和负面求职经历两个工作经历因素。通过机制检验，研究发现个体风险厌恶的态度和家庭支持度的增加会显著提高个体对单一类型平台收入的依赖性和对该类平台工作的投入程度，提高其平台全职的概率，且风险偏好的影响比家庭支持度的影响要大。

第四，在基于消费类型和户籍状况的分组，就工作经历对平台工作类型选择的影响的深入探讨中，研究发现：一方面，有过国有企事业单位工作经历的发展型个体的平台兼职概率显著低于生存型个体，来自产能过剩行业的发展型个体在平台兼职的概率显著高于生存型个体；另一方面，有国有企事业单位工作经历的本地户口者相较于非本地户口者，在平台兼职的概率会较高些，有负面求职经历的本地户口者相较于非本地户口者的兼职概率要低一些。

通过消费类型的异质性分析发现，国有企事业单位工作经历和产能过剩行业工作经历两个因素的影响在不同消费类别的司机中存在显著差异。有过国有企事业单位工作经历的发展型个体的平台兼职概率显著低于生存型个体，且该影响对生存型司机不显著，原因在于国有企事业单位工作经历带来的主观层面的影响更大，对更注重主观需求的发展型个体影响大于生存型个体。因此，受到国有企事业单位特有的“铁饭碗”文化和“单位制”的影响，发展型个体稳定在单一类型平台的全职倾向比没有相关经历者更强，兼职概率也就较低。来自产能过剩行业的发展型个体在平台兼职概率显著高于生存型个体，虽然产能过剩行业工作经历对发展型和生存型零工的平台工作类型选择均有显著影响（相较于没有相关经历的司机，发展型和生存型个体在平台兼职的概率都要更低）——都显著降低了两类零工的平台兼职概率，但对生存型个体的影响更大一些。本书认为，产能过剩行业工作经历带来的影响多作用于客观的个体技能层面，因此，在强调人力资本的零工就业市场中，产能过剩行业工作经历虽然能够同时显著影响两种消费类型群体，但对主要关注客观生计需求的生存型零工的影响会更大一些。

通过户籍状况的异质性分析发现，国有企事业单位工作经历、负面求职经历在两种户籍状况下对个体工作类型选择的影响有显著异质性，二者的系数差异是造成两种户籍状况零工做出不同工作类型选择的重要原因。有国有企事业单位经历的本地户口者相较于同等经历的非本地户口者，可能更易在正规或其他有户籍要求且待遇较优的领域就业，所以在平台兼职的可能性也要高一些。有负面求职经历的本地户口者相较于非本地户口者的兼职概率要低一些。负面求职经历带来的更多是主观情绪上的体验，相比非本地户籍者，本地户籍者由于较少受到就业歧视，在做选择的时候可能会多关注自己的主观需求。然而，即使在其他条件一致的条件下，非本地户口者还需要耗费时间、精力去考虑和面对户籍机制带来的就业限制，做出选择的过程中可能更关注客观需要和制约。因此，负面求职经历虽然对两种户籍状况零工都有显著影响（有相关经历的人更易选择在平台全职），但对更关注主观需求的本地户口零工影响程度更大一些。

第5章

工作经历对不同工作类型零工收入的影响——基于U平台网约车司机数据

上一章采用定量分析的方法，利用二元Probit回归，重点围绕工作经历的影响，试图验证第3章提出的关于零工工作类型选择的假设。此外，研究进行了影响机制的讨论，探讨零工的平台风险偏好和家庭支持度对其平台工作类型选择的中介作用，并深入探索了工作经历对不同消费类型和户籍状况零工的工作类型选择影响的异质性。

本书分析发现，零工个体由于受到不同过往工作经历和其他因素的影响而在平台选择不同的工作类型——平台全职或平台兼职，那么，不同的工作类型选择是否会带来平台上零工的收入差距和福利分化？是否存在基于不同工作类型的零工就业市场的内部分割？工作经历对不同工作类型个体之间收入差异的贡献情况如何？这些是本章要探讨的内容。

本部分将从平台收入的维度出发，依旧围绕个体的工作经历，基于文献综述部分提出的收入决定因素框架，继续拓展和丰富研究：一是探讨工作经历和其他因素如何在总体上影响零工的平台收入水平；二是鉴于零工内部也存在不同收入层次的群体，探索工作经历对不同收入水平（高、中等、低）群体平台收入的结构性影响；三是分析受到工作经历及框架内其他各因素影响而做出不同工作类型选择的零工之间是否存在收入差异，若存在，则工作经历对收入差距的形成起到什么作用，贡献如何？

本章在厘清工作经历对零工个体工作类型选择影响的基础上，进一步探索工作经历对选择不同工作类型个体的收入和收入差距贡献问题，为提升整体收入水平、缩小收入差异、兼顾效率和公平等问题提供平台治理和政策制定的微观依据，对劳动者培训和教育、职业化、收入和保障、零工就业市场密度和匹配度改善等方面都有重要意义。

5.1 方法和数据

5.1.1 模型构建

5.1.1.1 OLS模型

本部分首先通过简单最小二乘法（Least Ordinary Squares，OLS），基于平台收入决定因素框架，探讨工作经历和收入决定框架中的其他因素对全样本、平台全职以及平台兼职司机收入水平的影响。基准收入决定模型如下：

$$\ln income_i=\beta_0+\beta_1 Experience_i+\beta_2 X_i+\sum\beta_i X'+\mu_i\ (i=0,\ \cdots,\ n) \tag{5-1}$$

式中：$income_i$为第i个零工的平台小时收入率；$\ln income_i$为第i个零工平台小时收入率的对数；$Experience_i$为核心解释变量——工作经历，包括工作时间、国有企事业单位工作经历、产能过剩行业工作经历、负面求职经历；X_i表示一系列控制变量的向量，包括受教育水平、户籍、家庭、性别、消费类型和其他因素（成本等）；β_0是截距项；β_1是工作经历的系数向量；β_2是其他控制变量的系数向量；$\sum\beta_i X'$为其他可能存在的遗漏变量；μ_i为随机误差项。

为了分别分析平台全职与平台兼职零工工作经历的效用，本章在基准模型的基础上，给出平台兼职零工（$i=1$）与平台全职零工（$i=0$）的收入决定方程，可分别表示为：

$$\ln income_{i=1}=\beta_0+\beta_1 Experience_{i=1}+\beta_1 X_{i=0}+\sum\beta_i X'+\mu_{i=1} \tag{5-2}$$

$$\ln income_{i=0}=\beta_0+\beta_1 Experience_{i=0}+\beta_2 X_{i=0}+\sum\beta_i X'+\mu_{i=0} \tag{5-3}$$

5.1.1.2 分位数回归模型

不同收入水平群体具有不一样的特征结构，零工也一样，而最小二乘法（OLS）传统线性回归模型并没有考虑工作经历的平台收入回报率在不同收入层

次人群中的差异。为解决上述问题，以期更精确地刻画工作经历和其他解释变量对被解释变量在不同收入水平零工中的影响，本章进一步采用分位数回归（Quantile Regression，QR）进行深入分析。OLS回归对被解释变量的数学期望建模，而分位数回归则是对被解释变量的分位数建模，该思想最早由Koenker和Bassett（1978）提出，旨在考察协变量对条件分位的影响。其原理是使用残差绝对值的加权平均作为最小化的目标函数，较为稳健，不易受到极值影响。更重要的是，该回归能够提供关于条件分布$y|X$的全面信息，即将解释变量对被解释变量的影响在被解释变量的整个分布上都体现出来（郭震，2013）。假设条件分布$y|X$的θ分位数，$y_\theta(X_i)$是X的线性函数，如下所示：

$$y_\theta = X_i'\beta_\theta + \mu_{\theta_i} \tag{5-4}$$

$$Quant_\theta(y_\theta|X_i) = X_i\beta_\theta \tag{5-5}$$

在式（5-4）和式（5-5）中，β_θ为收入分布的第θ点上的分位数回归系数向量；μ_{θ_i}为分布不确定的随机误差项；$Quant_\theta(y_\theta|X_i)$表示被解释变量$y$在特征向量$X_i$条件下第$\theta$个条件分位点的值，$0<\theta<1$。假设$\mu_{\theta_i}$满足$Quant(\mu_\theta|X_i)=0$。$\theta$分位数回归系数$\beta_\theta$的估计量$\hat{\beta}_\theta$可以由以下最小化式得到（陈强，2014）：

$$\min_{\beta_\theta}\sum_{i:\ y_i \geqslant X_i'\beta_\theta}^{n}\theta|y_i - X_i'\beta_\theta| + \sum_{i:\ y_i \leqslant X_i'\beta_\theta}^{n}(1-\theta)|y_i - X_i'\beta_\theta| \tag{5-6}$$

因分位数回归的目标函数不可微分，所以通常使用线性规划的方法来计算$\hat{\beta}_\theta$。通过证明，样本回归系数$\hat{\beta}_\theta$是总体回归系数β_θ的一致估计量。应用分位数回归模型，可更精准地描述工作经历对于平台收入的变化范围以及条件分布形状，捕捉分布的尾部特征。在本书中，当工作经历对不同部分的平台收入产生不同影响时，分位数回归能够更加全面地刻画分布特征，从而得到不同收入分布下零工的工作经历和其他因素对平台收入水平的影响。

在本书中，y_θ为$\ln income_i$，即平台收入的对数，X_i代表一系列自变量的向量，包括研究的核心解释变量（工作经历）、受教育水平、消费类型、户籍状况、婚姻状况、子女数量、性别及其他控制变量。θ的数值表示回归平面上数据在总体中的占比，由于研究选取了10、50和90分位数，所以这里的θ分别是0.1、0.5和0.9。若$\theta = 0.1$，则$1 - \theta = 0.9$，表示模型得到的为10%的条件分位数，即有10%的数据分布在回归平面上，另外还有90%分布在平面下。在本章中，OLS仅提供一个平均数，解释的是工作经历和其他解释变量对平台收入的平均边际影响；而分位数回归却能够提供不同分位数的回归结果，解释的是工作经历和其他解释变量对平台收入在10、50、90分位数的边际效果。若条件分布形状随工作经历的变化而变化，三个分位数回归的系数也将有所差异，能够帮助研究分析工作经历回报率的异质性。

5.1.1.3 Oaxaca-Blinder分解模型

在OLS和分位数回归的基础上，为了考察全职和兼职零工之间的平台收入差异及其产生的原因，本章以零工的平台收入结构为基准，使用传统Oaxaca-Blinder（OB）方法来分解并分析工作经历对个体平台对收入差异的贡献程度（Oaxaca，1973；Blinder，1973）。理论上，不同工作类型群体之间的收入差异可以分解成两个部分：一部分是影响全职与兼职个体收入的特征值之间的差异（特征差异），也叫可解释差异，即在特征上能够解释的两者收入差异的构成及原因；另一部分是系数差异，该差异与特征值无关，无法用特征值来解释，即为不可解释部分。

为了估计平台全职与平台兼职零工之间的收入差异，将收入的函数表示为$\ln income = X_i \beta_i$（阳玉香，莫旋，2017），进而，平台全职与平台兼职零工的收入函数分别为：

$$\ln income_{i=1} = X_{i=1} \beta_{i=1} \tag{5-7}$$

$$\ln income_{i=0} = X_{i=0} \beta_{i=0} \tag{5-8}$$

在式（5-7）和式（5-8）中，记平台兼职与平台全职的工作经历向量的平均值为$\bar{X}_{i=1}$与$\bar{X}_{i=0}$，根据OLS残差均值为0的性质，全职、兼职之间平台收入对数的差异可表示为：

$$\ln income_{i=1} - \ln income_{i=0} = \bar{X}_{i=1} \beta_{i=1} - \bar{X}_{i=0} \beta_{i=0} \tag{5-9}$$

$$\ln income_{i=1} - \ln income_{i=0} = (\bar{X}_{i=1} - \bar{X}_{i=0})\beta_{i=1} + (\beta_{i=1} - \beta_{i=0})\bar{X}_{i=0} \quad (5\text{-}10)$$

式中：兼职个体的平台收入对数为 $\ln income_{i=1}$，全职个体的平台收入对数为 $\ln income_{i=0}$；$X_{i=1}$和$X_{i=0}$分别表示平台兼职、全职者的工作经历和研究控制的其他因素（受教育水平、户口、婚姻状况、子女数量、性别、消费类型、运营成本）；$\beta_{i=1}$与$\beta_{i=0}$分别表示平台全职与兼职个体平台收入回报的系数向量。式（5-10）右侧第一项$(\bar{X}_{i=1} - \bar{X}_{i=0})\beta_{i=1}$表示由于工作经历和其他特征因素的不同$(X_{i=1} \neq X_{i=0})$而产生的全职、兼职之间的收入差异，即平均特征差异；右侧第二项$(\beta_{i=1} - \beta_{i=0})\bar{X}_{i=0}$则表示平台全职与兼职者的特征要素的回报系数$(\beta_{i=1} \neq \beta_{i=0})$差异，即系数差异，其中也包括工作经历和其他因素的回报系数。

5.1.2 数据选择和变量描述性统计

5.1.2.1 数据选择

本章继续沿用上一章使用的中国人民大学劳动人事学院课题组对U平台网约车司机进行的专项问卷调查数据。同样，通过数据处理，本部分删除了其中的遗漏变量、极值和异常值，最后保留12 390个有效样本。

5.1.2.2 变量描述性统计

在具体分析问题前，本章首先设定和描述收入决定框架中的变量。被解释变量为零工的平台收入水平，为连续变量，即U平台网约车司机每小时在平台上获得的收入[①]。一般来说，收入核算方法主要有年收入、月收入以及小时收入三类，但由于年收入和月收入并不能排除由工作时长不同带来的收入差异，本书以小时为单位衡量零工的平台收入水平，以期控制由时长不同引起的差异。同时，为了使分布更加合理，本书采用小时收入的对数形式。描述性统计显示，司机每小时收入的均值为31.53元，最大

① 由于在模型中控制了运营成本变量，所以此处的平台收入没有减去成本。

值为112.88元。其中，平台兼职司机小时收入均值为30.64元，略低于平台全职者的32.78元，与质性研究部分对外卖骑手的观察结果类似，全职者的平均收入略高于兼职者。

本章的核心解释变量仍旧是工作经历，包括工作时间、国有企事业单位工作经历、产能过剩行业工作经历、负面求职经历。此外，研究还控制了框架内的受教育水平、户籍状况、婚姻状况、子女数量、性别、消费类型、运营成本及城市固定效应。表5-1和表5-2分别展示了核心解释变量和其他涉及变量的定义及统计描述。同样，除总体外，本书还分不同工作类型来描述数据分布，其中连续变量给出的是均值和标准差，分类变量给出的是百分比。

表5-1　　　　　变量定义及描述

<table>
<tr><th colspan="2"></th><th>变量名</th><th>变量定义</th></tr>
<tr><td colspan="2" rowspan="2">被解释变量</td><td>平台工作类型</td><td>平台兼职=1；平台全职=0</td></tr>
<tr><td>平台小时收入（元）</td><td>连续10天收入和/10天实际工作小时数和</td></tr>
<tr><td rowspan="11">人力资本因素</td><td rowspan="5">核心解释变量</td><td>工作经历</td><td></td></tr>
<tr><td>驾龄</td><td>连续变量</td></tr>
<tr><td>国有企事业单位工作经历</td><td>有国有企事业单位工作经历=1；没有国有企事业单位工作经历=0</td></tr>
<tr><td>负面求职经历</td><td>有负面求职经历=1；没有负面求职经历=0</td></tr>
<tr><td>产能过剩行业工作经历</td><td>来自产能过剩行业=1；不是来自产能过剩行业=0</td></tr>
<tr><td rowspan="12">控制变量</td><td>受教育水平</td><td></td></tr>
<tr><td>初中及以下</td><td>是=1；不是=0</td></tr>
<tr><td>高中或中专</td><td>是=1；不是=0</td></tr>
<tr><td>大专</td><td>是=1；不是=0</td></tr>
<tr><td>本科</td><td>是=1；不是=0</td></tr>
<tr><td>硕士研究生及以上</td><td>是=1；不是=0</td></tr>
<tr><td>制度因素</td><td>户籍状况</td><td>本地=1；非本地=0</td></tr>
<tr><td rowspan="2">家庭因素</td><td>婚姻状况</td><td>1=已婚；0=未婚</td></tr>
<tr><td>子女数量</td><td>连续变量</td></tr>
<tr><td>人口学因素</td><td>性别</td><td>男性=1；女性=0</td></tr>
<tr><td rowspan="2">其他因素</td><td>消费类型</td><td>发展型消费=1；生存型消费=0</td></tr>
<tr><td>周运行成本</td><td>连续变量</td></tr>
</table>

表5-2　　　　　　　　　　变量的描述性统计

变量		全样本				平台兼职		平台全职	
		最小值	最大值	频数（均值）	比例（标准差）	频数（均值）	比例（标准差）	频数（均值）	比例（标准差）
被解释变量	平台工作类型								
	平台兼职（平台全职=0）	0	1	7 176	57.92%	7 176	100.00%	5 214	100.00%
	平台小时收入（元）	0.64	112.88	31.53	10.66	30.64	11.28	32.78	9.44
核心解释变量	工作经历								
	驾龄（年）	1	61.50	8.84	6.42	8.86	6.41	8.82	6.43
	有国有企事业单位工作经历（没有=0）	0	1	1 201	9.96%	774	10.79%	427	8.19%
	来自产能过剩行业（不是=0）	0	1	1 018	8.22%	326	4.54%	692	13.27%
	有负面求职经历（没有=0）	0	1	6 813	54.99%	3 660	51.00%	3 153	60.47%
控制变量	受教育水平								
	初中及以下	0	1	2 009	16.21%	816	11.37%	1 193	22.88%
	高中或中专	0	1	6 002	48.44%	3089	43.05%	2913	55.87%
	大专	0	1	2 830	22.84%	1 999	27.86%	831	15.94%
	本科	0	1	1 450	11.70%	1 184	16.50%	266	5.10%
	硕士研究生及以上	0	1	99	0.80%	88	1.23%	11	0.21%
	户籍状况								
	本地户籍（非本地户籍=0）	0	1	5 607	45.25%	3 700	51.56%	1 907	36.57%
	婚姻状况								
	已婚（未婚=0）	0	1	10 531	85.00%	6 166	85.93%	4 365	83.72%
	子女数量			1.09	0.76	1.054	0.72	1.13	0.8
	性别								
	男性（女性=0）	0	1	12 096	97.63%	7 003	97.59%	5 093	97.68%
	发展型消费（生存型=0）	0	1	2 916	23.54%	1 603	22.34%	1 313	25.18%
	周运行成本（元）	0	7 000	926	1 029	647.08	767.04	1 315.71	1 207.36

5.2 实证结果分析

5.2.1 平台收入决定估计——OLS回归

本章首先基于司机全样本和不同工作类型的司机分样本，探索工作经历对个体平台收入的影响以及对不同工作类型个体收入影响的差异。通过对比，初步探讨收入差异可能产生的原因，同时也关注其他控制变量的作用。在研究过程中，还控制了消费类型、运营成本和城市固定效应。表5-3报告了回归估计结果，其中，模型1、2为全样本回归，模型3、4为全职样本回归，模型5、6为兼职样本回归。本书采用了分步回归的方法，模型1、3、5只考虑了衡量工作时间变量的驾龄和驾龄²，模型2、4、6中加入了其他工作经历变量。回归结果显示，在加入其他工作经历变量以后，模型1、3、5的拟合优度都有所增加，对变异的解释力从33.81%、37.30%、32.16%上升至33.99%、37.51%和32.47%。

表5-3　　工作经历与平台收入的OLS基本回归结果

平台收入	总体		平台全职		平台兼职	
	模型1	模型2	模型3	模型4	模型5	模型6
驾龄	0.0132*** (0.0013)	0.0135*** (0.0013)	0.0113*** (0.0018)	0.0114*** (0.0018)	0.0144*** (0.0019)	0.0148*** (0.0019)
驾龄²	−0.0003*** (0.0000)	−0.0003*** (0.0000)	−0.0002*** (0.0001)	−0.0002*** (0.0001)	−0.0003*** (0.0001)	−0.0003*** (0.0001)
有国有企事业单位工作经历（没有=0）		−0.0058 (0.0114)		0.0095 (0.0158)		−0.0141 (0.0156)
来自产能过剩行业（不是=0）		−0.0479*** (0.0124)		−0.0485*** (0.0130)		−0.0919*** (0.0232)

续表

平台收入	总体		平台全职		平台兼职	
	模型1	模型2	模型3	模型4	模型5	模型6
有负面求职经历(没有=0)		−0.0273*** (0.0068)		−0.0151* (0.0089)		−0.0389*** (0.0097)
受教育水平（初中及以下=0)						
高中或中专	0.0073 (0.0098)	0.0055 (0.0097)	0.0018 (0.0109)	0.0009 (0.0109)	0.0228 (0.0161)	0.0199 (0.0161)
大专	0.0186 (0.0114)	0.0147 (0.0114)	0.0137 (0.0147)	0.0133 (0.0147)	0.0464*** (0.0174)	0.0404** (0.0175)
本科	0.0483*** (0.0135)	0.0408*** (0.0136)	0.0259 (0.0213)	0.0221 (0.0213)	0.0830*** (0.0194)	0.0727*** (0.0195)
硕士研究生及以上	0.0511 (0.0385)	0.0401 (0.0385)	−0.1933* (0.0996)	−0.1995** (0.0994)	0.1171*** (0.0458)	0.1031** (0.0458)
本地户口（非本地=0)	−0.0441*** (0.0082)	−0.0433*** (0.0082)	−0.0565*** (0.0109)	−0.0556*** (0.0109)	−0.0340*** (0.0116)	−0.0331*** (0.0116)
已婚（未婚=0)	−0.0128 (0.0120)	−0.0141 (0.0120)	0.0193 (0.0153)	0.0183 (0.0153)	−0.0313* (0.0174)	−0.0320* (0.0174)
子女数量	−0.0142** (0.0059)	−0.0135** (0.0059)	−0.0120 (0.0073)	−0.0102 (0.0073)	−0.0181** (0.0087)	−0.0184** (0.0087)
男性（女性=0)	0.0280 (0.0223)	0.0318 (0.0223)	0.0890*** (0.0297)	0.0929*** (0.0297)	−0.0078 (0.0314)	−0.0032 (0.0313)
发展型消费（生存型=0)	0.0334*** (0.0079)	0.0355*** (0.0079)	0.0246** (0.0100)	0.0252** (0.0100)	0.0327*** (0.0116)	0.0361*** (0.0116)
周运营成本	0.0001*** (0.0000)	0.0001*** (0.0000)	0.0000*** (0.0000)	0.0000*** (0.0000)	0.0001*** (0.0000)	0.0001*** (0.0000)
城市固定效应	控制	0.0000	0.0000	0.0000	0.0000	0.0000
常数项	3.3464*** (0.0260)	3.3620*** (0.0262)	3.3238*** (0.0337)	3.3323*** (0.0340)	3.3390*** (0.0378)	3.3612*** (0.0379)
观测值	11 394	11 394	4 727	4 727	6 667	6 667
adj. R^2	0.3381	0.3399	0.3730	0.3751	0.3216	0.3247

注：*、**、***分别代表在10%、5%和1%的水平上显著，括号内为标准误。

模型1至模型6的结果显示，无论是总体、平台全职还是平台兼职组，工作时间对个体平台收入水平都有显著影响，二者之间均呈倒U形关系，结果受到已有文献和部分实证研究（Meng & Kidd，1997；Knight & Song，2003；Bardasi & Gornick，2000）的支持。全样本回归（模型2）显示，驾龄系数为0.0135，驾龄^{2}系数为-0.0003，二者的影响均在1%的水平上显著。驾龄每增长一年，个体平台收入水平就显著提升1.35%，但到达一定阈值以后，收入水平便会随驾龄的增长而显著下降。此外，分样本结果显示，驾龄每增加一年，全职者的平台收入增长1.14%，而兼职者增长1.48%，后者涨幅略高0.34%。工作时间（驾龄）反映了技能水平的累积程度（高低），零工就业中，无论处于何种工作类型，劳动者相关技能的提升可以有效增加其在该技能相关平台的收入水平，且相同条件下，平台兼职的提升幅度要大于全职者。因此，阈值以下，工作时间的增长可以提升个体特别是兼职者的收入。

其他工作经历还包括国有企事业单位工作经历、产能过剩行业工作经历以及负面求职经历。总体、全职和兼职的回归结果均显示，国有企事业单位工作经历的影响并不显著，与本书的推测大致相同。对劳动者来说，国有企事业单位的最大影响来自"铁饭碗"和"单位制"（Bell，2013）。然而，数字经济时代，市场开放程度越来越高，政策干预日趋减少，大部分以传统制造业为主的国企失去了传统的资源优势和政策倾斜，无法给员工提供保障其收入丰厚和工作稳定的"铁饭碗"，而基础、通用技能平台零工又多来自此类单位，即便是国企员工，在新的时代背景下也需要时刻保持危机感，而不是一味求稳定、求保障。基于这一视角，该经历对平台收入水平的影响可能不再显著。

模型2、4、6的回归结果显示，产能过剩行业工作经历均在1%的水平上显著影响总体、全职和兼职样本的平台收入水平，系数分别为：-0.0479、-0.0485和-0.0919。以上结果表明：对总体样本，来自产能过剩行业的个体比没有相关经历者的平台收入水平低4.79%；平台全职和平台兼职者中，来自产能过剩行业个体比非相关行业者的平台收入水平分别低4.85%和9.19%，对兼职者的影响程度要大于全职者。这说明：零工自身原有技能是否老旧、是否与现代化生产需求相匹配是影响其平台收入水平的重要因素之一，产能过剩行业的工作往往技能要求较低，个体在其中工作简单、重复，在离开原岗位后，所拥有的技能很难迁移到其他技能要求较高的就业领域（李晓曼，孟续铎，2017），产能过剩行业劳动者虽然够进入外卖、网约车等技能要求较低的平台，但其适应力和生产力很可能会低于没有相关经历者，平台收入也就相较略低。其中，平台全职者情况和样本总体类似，但兼职者的同类经历影响程度却是二者的两倍，相较于总体和全职者，该经历对兼职者的影响程度更大一些。零工就业虽然是新时期安置产能过剩行业劳动者的有效渠道，但对于这部分劳动者还是需要加强职业技能的培训，才能提高其收入和福利水平，尤其不能忽视平台兼职者。

三个样本中，负面求职经历与个体平台收入水平均负相关，其中，对全职司机平台收入影响的显著性略低于全样本和兼职样本，前者在10%的水平上显著，而后两者均在1%的水平上显著。兼职司机的系数为-0.0389，表明有负面求职经历的兼职司机收入比没有相关经历者要低3.89%；全职和全样本的系数差别不大，但都低于兼职司机，分别为-0.0273、-0.0151，有负面求职经历的全职司机和司机总体比没有该经历司机的平台收入分别低2.73%和1.51%。相较于全职样本，负面求职经历对兼职司机平台收入的影响显著性和幅度都更大。结果受到已有文献的支持，不平等的经历带来的负面情绪会影响劳动者的生产力，从而降低其收入水平（Kumar，Irudayaraj & Jomon，2014）。此外，个体负面求职经历如果源于自身技能水平不足等原因，平台收入也会受到个体技能水平的限制（Carr，1996；Buttler & Sierminska，2019）。

在人力资本因素中，除核心解释变量——工作经历外，研究还控制了受教育水平。研究选取初中及以下学历群体为控制组，不同受教育水平的影响具有差异性。总体上，只有居中的本科水平对个体收入影响显著，结果部分符合已有文献结论（Schultz，1961；Becker，1971）和本书的推测：收入随受教育水平的提高而增加，因为网约车属于基础技能平台，较高或较低的受教育水平对个体收入影响可能都不显著。高中或中专水平影响在各组回归中均不显著；大专水平只与兼职样本的收入水平在5%的水平上显著正相关，相较于初中及以下学历者，受过大专教育的人收入高4.04%；本科水平对总体和兼职样本的收入水平影响显著，受过本科教育的总体和兼职样本比初中及以下学历者的收入水平分别高4.08%和7.27%；硕士研究生及以上学历只对分样本结果影响显著，但全职样本系数为负（-0.1995），而兼职样本系数为正（0.1031），表明全职的硕士研究生及以上学历者比初中及以下学历者的收入要低19.95%，但兼职的硕士研究生及以上学历者却比初中及以下学历者收入要高10.31%。

模型1至模型6的结果都显示了本地户口和平台收入在1%的水平上显著负相关。拥有本地户口的总体、全职和兼职司机比同类非本地户口者的平台收入分别低4.33%、5.56%、3.31%，户籍制度对全职者的影响程度是兼职者的近1.6倍。平台上的本地户口者，往往是在正规或其他就业中找到相对稳定的工作后又选择同时在平台兼职，因此，对平台工作投入较少，收入可能就较低。然而，非本地户口的低技能劳动者，通常是在遇到就业障碍后转入零工就业，这部分人可能对平台工作的付出会更多，工作时间会更久，也能积累更多相关经验，从而促进了其平台收入水平的增长。

在家庭因素方面，已婚（婚姻）状态对总体和全职司机的影响不再显著，数字时代下，即使是主要负责家务的夫妻一方，也并不意味着就是在外部劳动力市场生产力水平较低的一方，因为劳动者在家也能够通过网络等数字技术在负责家务的间隙进行工作，甚至劳动生产率较高的一方也可能是更擅长家务者。因此，婚姻对个体平台收入的影响在零工就业中可能不显著。然而，已婚的状态却在10%的水平上显著与兼职司机的收入水平负相关。此外，子女数量与样本总体和兼职样本收入在5%的水平上显著负相关，但对全职司机影响不显著。孩子数量每增加一个，司机总体和兼职司机的平台收入分别减少1.35%和1.84%，结论受到部分文献的支持（Connelly，1991；Leibowitz，Arleen，Jacob，et al.，1992）。子女数量越多的司机，需要更多时间照顾子女，从事有偿工作的时间会减少（Connelly，1991；Leibowitz，Arleen，Jacob，et al.，1992），所以，其平台收入很可能低于无子女的司机。此外，相关实证研究也证明拥有子女比没有子女的人对薪酬的期待会更低，特别是有子女的女性更容易接受低薪工作（Bardasi & Gornick，2000），且子女数量越多，个体薪酬可能越低。子女数量对全职样本收入的影响并不显著。

性别对全样本和兼职样本的收入影响不显著，但全职男司机比全职女司机收入在1%的水平上显著高出9.29%。结果部分符合已有文献的“同等条件的女性收入水平通常低于男性”的结论（Campbell，1988）。零工劳动力市场也存在职业的性别隔离现象（Doeringer & Piore，1971；Osterman，1975），特别是网约车司机的驾驶工作和骑手的外卖工作，有较高的体力要求，得益于身体条件优势，这些领域内男性的收入会普遍高于女性。因此，相较于女性，对身体素质有较高要求的基础、通用技能平台上，相同条件的男性零工收入水平会较高。全职男性收入显著高于全职女性收入，但性别却不影响兼职群体。

此外，本书还控制了个体的消费类型。消费类型对全样本、两个分样本司机的平台收入水平都有显著影响。发展型司机的平台收入水平显著高于生存型司机，对全样本和兼职样本收入影响的显著性（在1%水平上）高于全职样本（在5%水平上）。总体上，发展型司机比生存型司机的收入显著高3.34%。就分样本而言，消费类型对全职司机的影响程度要远低于样本总体和兼职司机，全职发展型消费者比全职生存型消费者的平台收入仅高2.52%，而兼职者要高3.61%。可能是由于大部分生存型劳动者的技能水平、工作适应性和效率低于发展型个体，平台收入水平也会相对较低。

5.2.2 不同分位数的平台收入决定——分位数回归

由于OLS基本回归并不能反映工作经历在不同收入层次群体中回报率的差异性，本部分将分别对全样本和全职、兼职分样本司机的平台收入进行分位数回归，深入探索工作经历在不同收入水平上对个体平台收入影响的表现，以及在不同工作类型中相同的工作经历收入回报率的差异。本部分基于司机收入水平的10分位数（低收入）、50分位数（中等收入）以及90分位数（高收入）三个层次，对全样本和全职、兼职样本司机的平台收入进行分位数回归，并控制其他变量和城市固定效应。表5-4显示了总体样本分位数回归结果。表5-4中，模型7是样本总体回归结果，模型8、9、10分别是总体的10分位数、50分位数和90分位数收入群体的回归结果。

表5-4 工作经历平台收入回报率的总体及分位数OLS回归结果

平台收入	总体	10分位数	50分位数	90分位数
	模型7	模型8	模型9	模型10
驾龄	0.0135*** (0.0013)	0.0271*** (0.0043)	0.0100*** (0.0009)	0.0047*** (0.0009)
驾龄 ^{2}	−0.0003*** (0.0000)	−0.0006*** (0.0001)	−0.0002*** (0.0000)	−0.0001*** (0.0000)
有国有企事业单位工作经历(没有=0)	−0.0058 (0.0114)	−0.0026 (0.0363)	−0.0026 (0.0077)	0.0043 (0.0075)
来自产能过剩行业（不是=0）	−0.0479*** (0.0124)	−0.0472 (0.0394)	−0.0261*** (0.0084)	−0.0281*** (0.0082)
有负面求职经历（没有=0）	−0.0273*** (0.0068)	−0.0523** (0.0216)	−0.0090* (0.0046)	−0.0092** (0.0045)
其他变量	控制	控制	控制	控制
城市固定效应	控制	控制	控制	控制
常数项	3.3620*** (0.0262)	3.0196*** (0.0834)	3.4650*** (0.0178)	3.6656*** (0.0173)
观测值	11 394	11 394	11 394	11 394

注：*、**、***分别代表在10%、5%和1%的水平上显著，括号内为标准误。

表5-4的回归结果显示，驾龄和驾龄^{2}在各分位数上对平台收入的影响都在1%的水平上显著，后者系数为负，表明驾龄与平台收入水平呈倒U形关系。驾龄的系数在10、50和90分位数上分别为0.0271、0.0100和0.0047，表明驾龄每增加一年，10、50和90分位数上司机的平台收入水平分增长2.71%、1.00%、0.47%。这说明平台上，驾龄对低收入者的影响程度远大于对中等、高收入者的影响。

国有企事业单位工作经历在各分位数水平上对平台收入影响均不显著。产能过剩行业工作经历和50、90分位数司机平台收入水平在1%的水平上显著负相关，但在10分位数上对平台收入影响并不显著，表明产能过剩行业工作经历仅对中等、高收入层次司机收入的影响显著，不显著影响低收入群体收入。负面求职经历在各分位数水平上对平台收入影响都显著，但对10、90分位数收入影响的显著性（5%）高于50分位数（10%）。此外，负面求职经历在10分位数上的系数为-0.0523，比50、90分位数上的系数（-0.0090和-0.0092）高出5倍多，这表明负面求职经历对收入水平较低的司机平台收入的影响程度比中等、高收入司机要大，且影响显著性比中等收入司机要大。

由于旨在关注工作类型收入差距，本书将深入探讨工作经历对不同收入水平上全职、兼职零工平台收入的影响及差异性。表5-5显示了不同工作类型样本的分位数回归结果。模型11、13、15、17分别是平台全职者的OLS基本回归、10分位数、50分位数和90分位数回归；模型12、14、16、18分别是平台兼职者的OLS基本回归、10分位数、50分位数和90分位数回归。

上述回归结果显示，驾龄对各分位数上的两种工作类型司机平台收入的影响均在1%的水平上显著，驾龄^{2}也与收入水平在各组别中显著负相关，则驾龄与不同分位数上的全职、兼职司机的收入水平呈倒U形关系。其中，收入随驾龄增长率较高的是10分位数全职、兼职司机，其次是50、90分位数司机。三个分位数上，驾龄对兼职者的影响幅度均明显大于全

表5-5　不同工作类型下工作经历平台收入回报率的分位数回归结果

	OLS回归		分位数回归					
			10分位数		50分位数		90分位数	
	平台全职	平台兼职	平台全职	平台兼职	平台全职	平台兼职	平台全职	平台兼职
平台收入	模型11	模型12	模型13	模型14	模型15	模型16	模型17	模型18
驾龄	0.0114***	0.0148***	0.0209***	0.0302***	0.0077***	0.0123***	0.0041***	0.0064***
	(0.0018)	(0.0019)	(0.0058)	(0.0059)	(0.0011)	(0.0014)	(0.0011)	(0.0013)
驾龄^2	-0.0002***	-0.0003***	-0.0005***	-0.0007***	-0.0002***	-0.0003***	-0.0001**	-0.0002***
	(0.0001)	(0.0001)	(0.0002)	(0.0002)	(0.0000)	(0.0000)	(0.0000)	(0.0000)
有国有企事业单位工作经历（没有=0）	0.0095	-0.0141	0.0385	-0.0193	0.0005	-0.0037	-0.0165	0.0124
	(0.0158)	(0.0156)	(0.0522)	(0.0485)	(0.0099)	(0.0116)	(0.0103)	(0.0106)
来自产能过剩行业（不是=0）	-0.0485***	-0.0919***	-0.0478	-0.1500**	-0.0383***	-0.0354**	-0.0218***	-0.0345**
	(0.0130)	(0.0232)	(0.0427)	(0.0719)	(0.0081)	(0.0172)	(0.0084)	(0.0157)
有负面求职经历（没有=0）	-0.0151*	-0.0389***	-0.0250	-0.0782***	-0.0028	-0.0153**	-0.0013	-0.0129**
	(0.0089)	(0.0097)	(0.0293)	(0.0300)	(0.0056)	(0.0072)	(0.0058)	(0.0065)
其他变量	控制	控制	控制	控制	控制	控制	控制	控制
城市固定效应	控制	控制	控制	控制	控制	控制	控制	控制
常数项	3.3323***	3.3612***	3.0745***	2.9761***	3.4825***	3.4432***	3.6304***	3.6882***
	(0.0340)	(0.0379)	(0.1121)	(0.1178)	(0.0212)	(0.0282)	(0.0220)	(0.0256)
观测值	4 727	6 667	4 727	6 667	4 727	6 667	4 727	6 667

注：*、**、***分别代表在10%、5%和1%的水平上显著，括号内为标准误。

职者，也就是驾龄每增加一年，兼职司机收入水平提高幅度要高于全职司机，这一现象在10分位数群体中尤为明显，兼职收入的增长率（3.02%）比全职（2.09%）高0.93%。因此，阈值以下，相同驾龄增长带来的劳动者技能的提升，对各收入层次兼职者收入的增加幅度大于全职者，且在低收入层次上表现更为明显。国有企事业单位工作经历对各分位数不同工作类型司机平台收入的影响都不显著。除了10分位数上的全职司机，产能过剩行业工作经历与其他组别平台收入之间都显著负相关，即来自产能过剩行业的司机要比非相关经历者的平台收入要低。在10分位数上，产能过剩行业工作经历仅显著影响平台兼职者，对全职者无显著影响；在50、90分位数上，影响虽然都显著，但平台兼职的显著性（5%）低于全职（1%）的人，且50分位数上对全职收入的影响程度也高于兼职。因此，若要降低产能过剩行业工作经历对个体收入的负面影响，要特别关注来自产能过剩行业的中等收入全职群体技能的“适配性”问题。负面求职经历虽然在总体上与平台全职收入在10%的水平上显著负相关，但对各分位数全职者的平台收入影响并不显著，却分别在1%的水平上与10分位数的兼职者平台收入显著负相关，在5%的水平上与50、90分位数的兼职者平台收入显著负相关。其中，对10分位数的兼职者影响程度最大，有相关经历的人比没有的人收入要低7.82%，而50、90分位数上仅低1.53%和1.29%。这表明，负面求职经历对低收入兼职零工平台收入的影响程度和显著性要远大于中等、高收入人群，且对各收入层次全职司机的平台收入均无显著影响。因此，针对有负面求职经历的群体，若要提升其平台收入水平，需要重点关注各收入层次兼职群体的心理健康状况，特别是低收入层次兼职司机。

5.2.3 不同工作类型收入差异分解——Oaxaca-Blinder分解

以上内容初步判断了可能造成不同工作类型司机之间产生收入差异的因素，但并未体现这些因素对收入差异的贡献程度。为了寻求收入差异的根源，找到缩小差异的方法，研究需要进一步探索工作经历和其他因素对收入差异的作用。因此，在OLS和分位数回归的基础上，以全职和兼职者的平台收入为指数基准，本小节将基于Oaxaca-Blinder方法（Oaxaca，1973；Blinder，1973），深入探索并展示工作经历和框架中其他因素对平台收入差距产生的贡献情况，旨在探究造成平台全职与平台兼职零工收入差距的具体结构性因素，表5-6显示了Oaxaca-Blinder分解的具体结果。

表5-6　　不同工作类型平台收入的 Oaxaca-Blinder 分解结果

	差异系数	标准误					
全职平台收入对数均值	3.4316	(0.0054)					
兼职平台收入对数均值	3.3343	(0.0058)					
不同就业状态收入总差异	0.0974	(0.0080)					
解释变量	分项差异	特征差异			系数差异		
		差异系数	标准误	占总差异比重	差异系数	标准误	占总差异比重
驾龄	-29.77%	-0.0001	(0.0013)	-0.10%	-0.0289	(0.0111)	-29.67%
国有企事业单位工作经历	0.10%	-0.0002	(0.0004)	-0.21%	0.0003	(0.0026)	0.31%
产能过剩行业工作经历	-6.67%	-0.0085	(0.0014)	-8.73%	0.0020	(0.0027)	2.05%
负面求职经历	10.57%	-0.0036	(0.0008)	-3.70%	0.0139	(0.0086)	14.27%
受教育水平	-173.20%	-0.0138	(0.0024)	-14.17%	-0.1549	(0.0461)	-159.03%
户籍状况	4.93%	0.0220	(0.0019)	22.59%	-0.0172	(0.0078)	-17.66%
婚姻状况	50.51%	-0.0000	(0.0003)	0.00%	0.0492	(0.0236)	50.51%
子女数量	8.21%	-0.0002	(0.0006)	-0.21%	0.0082	(0.0147)	8.42%
性别	127.82%	0.0001	(0.0001)	0.10%	0.1244	(0.0629)	127.72%
消费类型	-5.13%	0.0013	(0.0005)	1.33%	-0.0063	(0.0043)	-6.47%
周运营成本	-6.06%	0.0487	(0.0028)	50.00%	-0.0546	(0.0067)	-56.06%
常数项	118.37%				0.1154	(0.0796)	118.37%
合计	100%	0.0458	(0.0042)	46.92%	0.0516	(0.0085)	53.08%
观测值	11 394						

分解结果显示：全职、兼职司机的平台收入总差异为0.0974，其中，可解释的特征值部分和不可解释的系数部分分别占总差异的46.92%和53.08%。由此可得，虽然二者差距不大，但可观测特征差异并非造成平台全职和平台兼职之间收入差异的最主要因素，另外的不可观测部分可能

来自零工就业市场内部的不同工作类型隔离、政策因素和外部环境的变化等。

可解释的特征差异又能进一步分解为驾龄、国有企事业单位工作经历、产能过剩行业工作经历、负面求职经历、受教育水平、户籍状况、婚姻状况、消费类型、子女数量、性别以及运营成本因素。据表5-6的分解结果，核心解释变量——工作经历中，驾龄、国有企事业单位工作经历、产能过剩行业工作经历和负面求职经历分别贡献了总差异的-29.77%、0.10%、-6.67%和10.57%。驾龄和产能过剩行业工作经历对缩小收入差距起到不同程度的作用，特别是驾龄的提升，能够有效降低29.77%的收入差距，但国有企事业单位工作经历的作用较小，而负面求职经历则扩大了收入差距。其他因素中，受教育水平、婚姻状况、性别对差距贡献率较高，分别是-173.20%、50.51%、127.82%，其中，受教育水平的增长能够缩小收入差异，但已婚、男性则会在很大程度上扩大两种工作类型之间的收入差距。

5.3 本章小结

考虑到零工就业内部，因由自身工作经历差异等因素而做出不同工作类型选择的零工之间存在平台收入差异的问题，本章依旧基于U网约车平台数据，在上一章工作类型选择探讨的基础上，从收入决定入手，首先，采用了OLS回归，分析工作经历和框架内其他因素对全样本、全职样本、兼职样本司机平台收入的影响，同时观察各因素对不同工作类型平台收入效用的差异。其次，因为平台内部的司机收入水平不一，简单的OLS回归并不能体现不同收入层次上工作经历影响的差异，本书继续利用分位数回归，分别探索了不同收入水平上样本总体、全职、兼职样本中工作经历对收入的影响，关注了其中存在的影响差异。最后，本章基于Oaxaca-

Blinder方法，进一步深入探析工作经历的各要素对总收入差异形成的贡献情况。基于此，本章得到的结论如下：

首先，通过对总体、全职和兼职司机的OLS回归，本章发现工作经历中，除国有企事业单位工作经历以外，驾龄、产能过剩行业工作经历、负面求职经历均显著影响零工的平台收入水平。其中，驾龄与平台收入水平呈倒U形关系，产能过剩行业工作经历、负面求职经历都与平台收入水平负相关。驾龄和产能过剩行业工作经历对兼职者收入的影响程度大于全职者，负面求职经历对兼职者收入的影响显著性大于全职者。

工作时间（驾龄）反映了技能水平的累积程度（高低），阈值以下，劳动者相关技能的提升可以有效增加其在该技能相关平台的收入水平，且相同条件下，平台兼职者收入的提升幅度要大于全职者。因此，工作时间的增长可以提升个体收入，特别是兼职者的收入水平。国有企事业单位工作经历对收入的影响不再显著，原因在于数字经济时代，大部分（特别是第二产业）国企失去了传统的资源优势和政策倾斜，即便国企员工在新时代背景下也需要同其他就业（特别是灵活就业）领域群体一样时刻保持危机感，而不是一味求稳定、求保障。产能过剩行业工作经历与个体平台收入水平显著负相关，其中，对兼职者收入的影响程度显著大于全职司机。来自产能过剩行业劳动者虽然够进入外卖、网约车等技能要求较低的平台，但从原行业“析出”后，其所拥有的技能很难迁移到其他技能要求较高的就业领域，即使进入平台后，他们的适应力和生产力很可能会低于没有相关经历的个体，平台收入也就相对略低。零工就业虽然是新时期安置过剩行业劳动者的有效渠道，但对于这部分劳动者还是需要加强职业技能的培训，才能提高其收入和福利水平，尤其不能忽视平台兼职者。三个样本中，负面求职经历与个体平台收入水平负相关，原因在于不平等的经历带来的负面情绪会影响劳动者的生产力，从而降低其收入水平。此外，个体负面求职经历如果源于自身技能水平不足等原因，平台收入也会受到个体技能水平的限制。其中，对全职司机平台收入影响的显著性略低于全样本和兼职样本。

对于其他因素而言，不同受教育水平的影响具有差异性。因为，网约车属于基础技能平台，所以，针对全样本，相较于控制组（初中及以下水平），较低或者较高的受教育水平对样本总体的收入影响不显著，只有本科学历与平台收入显著正相关；针对平台全职者，只有硕士研究生及以上学历与平台收入显著负相关；受过大专、本科、硕士研究生及以上教育的平台兼职者的收入都要显著高于初中及以下学历者。针对不同组别之间影响的差异性体现为：大专学历对全职样本、兼职样本的影响都有很大的差异，特别是对硕士研究生及以上学历的影响在两个分样本间截然相反（受过硕士研究生及以上教育的兼职者收入比初中及以下学历者高，全职者反之）；本科和大专学历仅对兼职司机的收入提高有显著作用，但并不显著影响全职司机。拥有本地户口的总体、全职和兼职司机均比同类非本地户口者的平台收入低，本地户口者往往在有一份相对稳定的工作后又选择同时在平台兼职，对平台工作投入较少，收入可能就较低。然而，非本地户口的低技能劳动者通常是在遇到就业障碍后转入零工就业，会付出更多，工作时间会更久，也能积累更多相关经验，从而促进了其平台收入水平的增长，且对全职者的影响程度是兼职者的近1.6倍。已婚（婚姻）状态对总体和全职司机的影响不再显著，原因在于数字时代下，即使是主要负责家务的夫妻中的一方，也并不意味着就是在外部劳动力市场生产力水平较低中的的一方，因为劳动者在家也能够通过网络等数字技术在负责家务的间隙进行工作，甚至劳动生产率较高的一方也可能是更擅长家务者。已婚的状态在10%的水平上显著与兼职司机的收入水平负相关，已婚兼职者的收入较低。此外，总体和兼职样本中，子女数量越多，个体薪酬可能越低，但子女数量对全职样本收入的影响却不显著。性别对全样本和兼职样本的收入影响不显著，但全职男司机比全职女司机收入在1%的水平上显著高出9.29%。发展型司机的平台收入水平显著高于生存型司机，但对全样本和兼职样本影响的显著性高于全职样本。

其次，考虑到两种工作类型不同收入水平上群体的异质性，本章基于收入分布，分解了不同分位数（10、50和90分位数）上司机总体以及全职、兼职司机分样本的平台收入。

总体回归结果证明：驾龄与各收入层次司机的平台收入水平均呈倒U形关系，但对低收入者的收入影响程度远大于对中等、高收入者的影响。由于驾龄是反映个体技能水平的重要因素，说明提升零工的技能水平对不同层次个体的平台收入增长都有作用，且对低收入层次者的作用更为明显。国有企事业单位工作经历对各收入层次司机的平台收入影响都不显著。产能过剩行业工作经历仅与中等、高收入层次司机收入显著负相关，即来自产能过剩行业者的收入较低，但低收入群体的所受影响并不显著。不平等的求职经历对各收入层次司机的影响均显著，但对低收入司机平台收入的影响程度都比中等、高收入司机要大，且影响显著性比中等收入司机要大。分样本回归结果表明：驾龄与三个收入层次的全职、兼职样本的平台收入均显著呈倒U形关系，对兼职者的影响幅度均明显大于全职者，特别在低收入群体中，同等条件下，驾龄对兼职司机收入的提高幅度要远超全职者。因此，阈值以下，相同的驾龄增长带来的劳动者的技能提升，对各收入层次兼职者的影响幅度大于全职者，且在低收入层次上表现更为明显。国有企事业单位工作经历对各分位数不同工作类型司机平台收入的影响都不显著。在全职、兼职分样本中，除了对低收入全职者影响不显著外，产能过剩行业工作经历在各收入层次上与不同工作类型司机的平台收入水平都显著负相关；对中等、高收入兼职者影响的显著性低于全职者；对中等收入全职者的影响程度和显著性均最大。因此，要特别关注来自产能过剩行业的中等收入全职群体技能的“适配性”问题。负面求职经历虽然在总体上与平台全职收入在10%的水平上显著负相关，与各收入层次兼职者的收入水平在1%和5%的水平上显著负相关，但对各分位数全职者的平台收入影响并不显著。此外，对低收入者的影响显著性和程度都大于中等、高收入群体。因此，针对有负面求职经历的群体，若要提升其平台收入水平，需要重点关注各收入层次兼职群体的心理健康状况，特别是低收入层次兼职司机。

最后，本书基于Oaxaca-Blinder方法，进一步探索并展示工作经历和其他因素对平台收入差距产生的贡献情况，发现不可解释的系数差异是造成不同工作类型零工收入差异的主要原因，驾龄和产能过剩行业工作经历对缩小收入差距起不同程度的作用，国有企事业单位工作经历的作用较小，而负面求职经历则扩大了收入差距。

分解结果显示，可解释的特征值部分和不可解释的系数部分分别占总差异的46.92%和53.08%。由此可得，虽然二者差距不大，但可观测特征差异并非造成平台全职和平台兼职之间收入差异的最主要因素，另外不可观测因素可能来自零工就业市场的内部隔离、政策因素和外部环境的变化等，是造成不同工作类型收入差距的主要原因。可解释的特征差异又能进一步分解为驾龄、国有企事业单位工作经历、产能过剩行业工作经历、负面求职经历、受教育水平、户籍状况、消费类型、婚姻状况、子女数量、性别以及运营成本因素。驾龄和产能过剩行业工作经历对缩小收入差距起不同程度的作用，特别是驾龄的提升能够有效降低29.77%的收入差距，但国有企事业单位工作经历的作用较小，而负面求职经历则扩大了收入差距。其他因素中，受教育水平、婚姻状况、性别对差距贡献率较高，其中，受教育水平的提高能够缩小收入差异，但已婚、男性则在很大程度上会扩大两种工作类型之间的收入差距。因此，若要有效缩小收入差距，一方面，要从技能水平（驾龄是技能水平的体现）和受教育水平的提升入手；另一方面，要努力降低过往求职、工作中的不平等经历对个体心理上带来的负面影响。此外，可以从寻找歧视根源以降低零工就业市场存在的区别对待入手。

第6章
研究结论与政策建议

6.1 章节重点回顾和研究结论

本书从现象层面的分析出发结合已有文献提出研究假设，再采用定量的实证研究方法全面地刻画了工作经历和框架内其他因素对个体在零工就业中的选择和由不同选择带来的平台收入水平影响。研究旨在探索不同工作类型各吸引具有何种工作经历的个体，零工就业市场的配置效率如何，是否存在内部市场的分割与扭曲，最终为分类调控、提升该领域个体收入水平、减少收入差异、增加就业市场密度和匹配、提高市场运行效率、增加劳动者职业技能培训、提高部分领域零工就业职业化等问题提供政策制定微观视角的理论依据。

前述各章对研究问题进行了详细的分析，本章将对主要的研究结论进行梳理和总结。

6.1.1 章节回顾

本书共分六个章节，第1章、第2章分别是绪论和文献综述，第3章为现象描述和假设提出部分，第4、5章为定量研究部分，第6章（即本章）则提出了研究结论和政策建议。其中，第1~5章的重点内容和主要结论如下：

第1章绪论部分。第一，介绍了研究背景和意义。第二，解释和辨析了本书的相关概念；划分了零工的平台工作类型——平台全职和平台兼职；构建了本书的核心解释变量——工作经历，包括：工作时间、是否有国有企事业单位工作经历、是否来自产能过剩行业以及是否有负面求职经历。第三，介绍了研究内容、理论框架、研究方法、技术路线以及研究的理论与现实意义等问题。

第2章文献综述部分，包括：传统兼职就业和零工就业的研究现状；“理性选择理论”和“人力资本理论”的综述；兼职就业理论综述和工作类型选择影响因素框架的搭建；收入决定、工作类型收入差异的综述以及收入决定因素框架的搭建。

第3章现象描述和假设提出部分，基于有大量访谈资料的外卖骑手数据以及第2章提出的工作类型选择影响因素框架，通过定性分析，提出了本书关于零工工作类型选择的假设，假设1至假设4主要围绕核心解释变量。其中，假设1提出，工作时间与零工选择平台兼职的概率正相关；假设2提出，有国有企事业单位工作经历的零工比没有此类经历的零工在平台的兼职概率更高；假设3提出，相较于不是来自产能过剩行业的劳动者，来自产能过剩行业的人在平台兼职工作可能性更小；假设4提出，有负面求职经历的个体比没有相关经历的人在平台兼职的倾向更低。假设5至假设10是框架内其他因素对个体工作类型选择的影响，分别提出，相较于受教育水平较低的零工，受教育水平较高的人在平台兼职的概率更高；持有本地户口的零工比非本地户口者在平台兼职的概率更高；已婚者比未婚者在平台兼职的可能性更高；零工的兼职概率会随着孩子数量的增加而下降；男性零工比女性零工更倾向在平台兼职工作；就消费类型而言，相较于生存型零工，发展型个体在平台兼职的概率更低。

第4章定量研究部分，主要基于样本量比较大的U平台网约车司机数据，通过分析和讨论，回答了：在数字零工就业领域，作为人力资本重要体现的工作经历能够从不同维度的多方面给个体在平台的就业选择行为带来不同影响的问题；具有何种工作经历的零工会决定以何种类型在平台工作的问题；工作经历如何通过影响个体的风险偏好和家庭支持度，最终作用于个体在平台的工作类型选择行为的问题。本书首先通过二元Probit回归分析了零工就业内部，工作经历和框架中其他因素对个体工作类型选择的影响，旨在验证和证伪了上一章提出的针对零工工作类型选择的假设；之后，通过二元Probit和Oprobit回归进行了影响机制的检验，探讨零工在平台的风险偏好和家庭对其工作的支持度是否在工作经历和工作类型选择之间具有中介效用；进而，进行了异质性检验，实证估计了样本不同消费类型和户籍状态下，各工作经历因素的影响是否存在显著差异。

考虑到零工就业内部，因由自身工作经历差异而做出不同工作类型选择的个体之间存在平台收入差异的问题，第5章仍基于U平台网约车司机数据，在上一章工作类型选择探讨的基础上，从收入决定出发，一是通过OLS回归，分析工作经历和其他因素对全样本、全职、兼职样本平台收入的影响，同时观察各因素对不同工作类型平台收入效用的差异。二是因平台内部的个体收入水平不一，简单的OLS回归并不能体现不同收入层次工作经历影响的差异，研究继续利用分位数回归，分别探索了不同收入水平上样本总体、全职、兼职样本中工作经历对收入的影响，关注了其中的影响差异。三是基于Oaxaca-Blinder方法，继续深入探析工作经历各要素对总收入差异形成的效用和贡献情况。

6.1.2 研究结论

通过以上章节的探讨，本书得出如下结论，其中，第一到第四是关于工作类型选择的结论，第五到第七是关于收入决定和收入差异部分的结论。

第一，工作经历的不同因素对零工个体工作类型选择的影响具有差异性，驾龄、产能过剩行业工作经历和负面求职经历显著影响个体的平台工作类型选择，但国有企事业单位工作经历并无显著影响。工作类型选择的假设1（驾龄）、3（产能过剩行业工作经历）、4（负面求职经历）得到证明，而假设2（国有企事业单位工作经历）则与研究结论不符。

驾龄与司机在平台的兼职概率显著正相关，即个体兼职的概率会随驾龄的增加而提高，影响显著性较低，结论验证了假设1。工作时间越长的零工在平台选择兼职的可能性越高，原因在于其在工作时间内累积了较为丰富的相关工作经验，提高了劳动生产率，增加自身的工作保障、稳定性及物质、非物质回报，与此同时，也降低了就业的风险偏好，更愿意也更有条件选择兼职的工作类型。研究结论与假设2不符，有国有企事业单位工作经历并不显著影响零工平台工作类型选择。可能是因为，供给侧结构性改革以来，尤其是数字经济下，大部分特别是传统制造业国企失去了政策、资源优势而无法提供以往丰厚的收入、稳定的工作和全面的保障，满足不了劳动者客观物质层面的需求，而基础、通用技能平台零工又多来自此类单位。同时，劳动者的需求更加多样化和个性化，即便是对谋求生存的个体而言，“稳定”或“物质上”的满足可能并非其唯一的诉求。因此，总体上，国有企事业单位工作经历的影响在数字时代下被大大削弱了。来自产能过剩行业的司机比无相关经历者在平台兼职的概率更低，该结论和假设3一致。来自产能过剩行业的个体在原行业工作中获取的技能相对陈旧、落后，不适应行业改进后的现代化生产和新时期消费的需求。这部分人被原行业“析出”后，由于技能的“失配”，以及随之产生的较低的自信水平和自我评价，更容易只选择参与并依赖于技能水平和专业化程度要求较低的单一类型平台，因此，兼职概率要比非相关经历者要低。有过负面求职经历的司机比没有相关经历的人选择平台兼职的概率更低，是因为前者更能够体会自己的就业困境，且具有较低的转入（零工就业的）成本，因而更愿意投入和依赖于单一类型平台而全职，结果符合假设4的推论。

第二，核心解释变量以外的其他变量中，教育、消费类型、婚姻状况对平台工作类型选择的影响基本符合假设5（教育）、7（婚姻）、10（消费类型）的推论。然而，户籍制度、子女数量、性别对工作类型选择的影响却不显著，与假设6（户籍）、8（子女）、9（性别）的预期不符。

受教育水平显著影响个体的工作类型选择，受教育水平较高的人在平台兼职的概率比受教育水平较低者更高，是因为前者完全转入零工就业的成本相对较高，符合假设5的推论。在制度层面，户口机制的影响并不显著，不符合假设6提出的“持有本地户口的零工比非本地户口者在平台兼职的概率更高”的预期。数字技术的发展和普及在降低工作搜寻成本的同时，也提高了劳动者的工作效率。在此条件下，那些没有本地户口且技能水平较低的缺乏比较优势的群体，即便隔离在正规就业领域之外，也能够借助数字技术同时拥有多种类型的工作、服务于多类平台。这一定程度上体现了，某些传统社会政策和制度对就业市场的影响在新形态的零工就业内部可能被大幅削弱，甚至基本消除了。家庭因素中，婚姻状况显著影响个体工作类型选择，而孩子数量的影响则不显著。受到家庭联合工作决策的影响，已婚者比未婚者在平台兼职的可能性更大，验证了假设7。然而，子女数量的多少并不显著影响工作类型选择，和假设8推测的“兼职概率会随着孩子数量的增加而下降”不符。传统观点认为，受到家庭内劳动分工的影响，承担家庭工作（家务劳动）较多的一方，孩子数量越多，同时从事多份、多类工作的倾向（兼职倾向）会有所降低。然而，得益于社会的发展和数字技术的进步，零工就业工作时间、地点和方式的灵活性使得即使是拥有多个孩子的父母，同时从事多类平台工作（平台兼职）也变为可能，孩子数量的影响在新时期变得不再显著。人口学因素中，性别对个体工作类型选择的影响显著，印证了假设9。男性比女性在平台兼职概率更高。零工就业领域存在按性别划分的职业隔离现象，受到身体条件的限制，女性难以在从事体力需求比较大的工作的同时，参与其他平台或就业领域的工作；但男性却有身体优势，同时从事一个以上强度较大工作的可能性大于女性。然而，以上结论只针对有一定体力需求的（外卖、网约车）平台而言。发展型个体比生存型个体更不易在平台兼职，是因为单一的基础、通用技能平台整体收入水平不高，不足以满足生存型个体支持生存的需求，该结论验证了假设10的成立。

综上，工作时间、产能过剩行业工作经历、负面求职经历会显著影响个体的平台工作类型选择。在此基础上，本书发现数字零工就业中，劳动者的技能水平、技能状况和个体的心理因素已经成为影响个体就业选择行为的关键因素。区别于传统的“次级劳动力市场”以劳动密集型个体谋求生存、追求客观经济收益为主要特征，零工就业中，即便是基础、通用技能平台上的劳动者，个体人力资本和心理状况也会给其就业行为带来很大影响。此外，基于当前安置产能过剩人员的总目标是“转岗不下岗、转业不失业”，政府提出了诸如内部分流、转岗就业创业、托底安置等分流渠道。数据显示，约83%的企业采取内部安置策略（李晓曼，孟续铎，2017），但这些措施的运行目前还是存在一些问题。在这样的情况下，零工就业成为去产能职工就业安置的一个新渠道，这部分人会更依赖于单一类型平台选择在平台全职，并会对工作付出和投入更多。最后，中国情境下，工作经历中被传统观点认为会对个体工作类型选择行为影响较大的“工作单位的类型”——国有企事业单位工作经历——在零工就业中实际并未产生显著影响。可能是由于数字经济新时期，很多失去了资源、政策优势的国企无法提供更丰厚的收入和更全面稳定的保障，比较优势丧失，无法满足劳动者的客观需求。同时，新就业形态下劳动者的需求更加多样化和个性化，“稳定”或“物质上”的满足可能并非其唯一的诉求，即便是对谋求生存的个体而言。因此，总体上看，国有企事业单位工作经历的影响大大削弱了。此外，得益于数字技术应用的飞速发展和普及，个体工作搜寻成本大大降低而工作效率极大提高，所以，家庭因素中孩子数量的影响也变得不再显著。以上都是数字零工就业相较于传统非正规就业的新特征。

第三，影响机制检验部分发现个体的就业风险偏好及家庭对其工作的支持度对产能过剩行业工作经历、负面求职经历的影响有部分中介作用。

过往工作经历会影响个体的就业风险偏好及家庭对其工作的支持程度，而后者又会作用于个体工作类型选择，因此，影响机制检验部分主要探索个体就业风险偏好和家庭支持度的中介作用。由于驾龄对工作类型选择影响显著性较低、国有企事业单位工作经历影响不显著，此部分主要关注产能过剩行业工作经历和负面求职经历两个工作经历因素。通过检验，研究发现个体风险厌恶的态度和家庭支持度的提升会显著增加个体对单一类别平台收入的依赖性和对该类平台工作的投入程度，从而提高其平台全职的概率，且风险偏好的影响比家庭支持度的影响要大。因此，对于来自产能过剩行业和有过负面求职经历的零工，改善平台企业的治理和家庭的态度能够在增加个体对同类平台黏性的同时，推进相关类别零工工作的职业化和规范化，是因为若平台增加对零工收入和工作稳定性的保障、家庭增加对零工平台工作的支持和理解度，则零工选择平台全职的概率也会增长；相反，若平台采用较为松散的治理模式或个体缺乏来自家庭的支持，则会催化有相关经历的零工在特定类型平台工作的“兼职化”。

第四，在基于消费类型和户籍状况的分组，就工作经历对平台工作类型选择的影响的深入探讨中，本书发现：一方面，国有企事业单位工作经历和产能过剩行业工作经历的影响在不同消费类型的司机中存在显著差异，有过国有企事业单位工作经历的发展型个体的平台兼职概率显著低于生存型个体，来自产能过剩行业的发展型个体在平台兼职的概率显著高于生存型个体；另一方面，国有企事业单位经历、负面求职经历在两种户籍状况下对个体工作类型选择的影响有显著异质性，有国有企事业单位工作经历的本地户口者相较于非本地户口者，在平台兼职的概率较高些，有负面求职经历的本地户口者相较于非本地户口者的兼职概率要低一些。

在消费类型的异质性分析中，有过国有企事业单位工作经历的发展型个体的平台兼职概率显著低于有同样经历的生存型个体，且该影响只对发展型个体而非生存型个体显著。这在一定程度上体现了由于发展型零工多关注自我价值实现等主观上的满足，国有企事业单位工作经历的影响多存在于发展型个体的主观层面的意识和文化上（“铁饭碗”和单位制），所以，较生存型个体而言，发展型个体的兼职概率会更低。来自产能过剩行业的发展型司机在平台兼职概率显著高于生存型个体，且虽然产能过剩行业工作经历对发展型和生存型司机的平台工作类型选择均有显著影响（相较于没有相关经历者，发展型和生存型个体在平台兼职的概率都要更低），但对生存型个体影响更大。产能过剩行业工作经历带来的影响多作用于客观的个体技能水平层面，因此，在强调人力资本的零工就业市场中，该经历虽然能够同时显著影响两种消费类型的群体，但对注重客观生计需求的生存型零工影响会更大一些。

在户籍状况的异质性分析中，有国有企事业单位工作经历的本地户口者相较于非本地户口者，由于更易获取较优质的就业机遇，在平台兼职的概率会高些。负面求职经历虽然对两种户籍状况司机都有显著影响（有相关经历的人更易选择在平台全职），但对本地户口司机影响更大一些。由于负面求职经历带来的更多是主观情绪上的体验，相比外地户籍劳动者，本地户籍者由于较少受到就业歧视，在做选择的时候可能会多关注自己主观、精神层面的需求而非客观限制。然而，即使在其他条件一致的情况下，非本地户籍的司机还需要耗费时间、精力去考虑和应对户籍机制带来的就业限制，选择过程中可能更关注客观层面的需求和制约，会较少在乎主观体验的影响。

第五，通过对总体、全职和兼职司机的OLS回归，本书发现工作经历中，除国有企事业单位工作经历以外，驾龄、产能过剩行业工作经历、负面求职经历均显著影响零工的平台收入水平。其中，驾龄与平台收入水平呈倒U形关系，产能过剩行业工作经历、负面求职经历都与平台收入水平负相关。驾龄和产能过剩行业工作经历对兼职者收入的影响程度大于全职者，负面求职经历对兼职者收入的影响显著性大于全职者。

工作时间（驾龄）反映了技能水平的累积程度（高低），阈值以下，劳动者相关技能的提升可以有效增加其在该技能相关平台的收入水平，且相同条件下，平台兼职者收入的提升幅度要大于全职者，因此，工作时间的增长可以提升个体收入，特别是对兼职者而言。国有企事业单位工作经历对收入的影响不再显著，是因为在数字经济时代，大部分特别是传统制造业国企失去了传统的资源优势和政策倾斜，即便是国企员工在新时期也需要时刻保持危机感，而不是一味求稳定、求保障，且基础、通用技能平台零工又多来自此类单位。产能过剩行业工作经历和个体平台收入水平显著负相关，其中，对兼职者收入的影响程度显著大于全职司机。来自产能过剩行业劳动者虽然能够进入外卖、网约车等技能要求较低的平台，但从原行业“析出”后，其所拥有的技能很难迁移到其他技能要求较高的就业领域，即便进入了平台，适应力和生产力很可能会低于没有相关经历的个体，平台收入也就相对略低。零工就业虽然是新时期安置产能过剩行业劳动者的有效渠道，但对于这部分劳动者还是需要加强职业技能的培训，才能提高其收入和福利水平，尤其要多关注平台兼职者。三个样本中，负面求职经历与个体平台收入水平均负相关，原因在于不平等经历带来的负面情绪会影响劳动者的生产力，从而降低其收入水平。此外，负面求职经历如果源于劳动者自身技能水平不足等原因，平台收入也会受到其技能水平的限制。其中，对全职司机平台收入影响的显著性略低于全样本和兼职样本。综上，阈值以下，驾龄的增长能够在总体上提高司机的平台收入水平，但产能过剩行业工作经历和负面求职经历则会不同程度地降低收入水平。此外，在相同条件下，驾龄的增长对兼职者收入的提升程度大于全职者；产能过剩行业工作经历对兼职者的影响程度大于全职者；负面求职经历对兼职者影响的显著性大于全职者。因此，促进个体技能水平的提升，加强对来自产能过剩行业个体的技能培训以及关注个体的心理健康能提高总体零工的平台收入水平，在这个过程中要重点关注兼职群体。

对其他因素而言，不同受教育水平的影响具有差异性。针对不同受教育水平影响的差异性，由于网约车属于基础技能平台，对全样本来说，相较于控制组（初中及以下水平），较低或者较高的受教育水平对样本总体的收入影响不显著，只有本科水平与平台收入显著正相关；针对平台全职者，只有硕士研究生及以上学历与平台收入显著负相关；受过大专、本科、硕士研究生及以上教育的平台兼职者的收入都要显著高于初中及以下学历者。针对不同组别之间影响的差异性：大专水平对全职、兼职样本的影响都有很大的差异，特别是硕士研究生及以上学历的影响在两个分样本间截然相反（受过硕士研究生及以上教育的兼职者收入比初中及以下学历者高，全职者反之）；本科和大专学历仅对兼职司机的收入提高有显著作用，而并不显著影响全职司机。拥有本地户口的总体、全职和兼职司机均比同类非本地户口者的平台收入低，且对全职者收入的影响程度远大于兼职，是因为平台上的本地户口者往往是在正规或其他就业中找到相对稳定的工作后又选择同时在平台兼职，投入较少，收入可能就较低；然而，非本地户口的低技能劳动者，可能对平台工作的付出会更多，工作时间会更久，也能积累更多相关经历，从而促进了其平台收入水平的增长。由数字技术的使用带来的工作灵活度和效率的提升，已婚（婚姻）状态对总体和全职司机的影响不再显著。然而，已婚的状态却在10%的水平上与兼职司机的收入水平显著负相关，已婚兼职者的收入较低。此外，在总体和兼职样本中，子女数量越多，个体薪酬可能越低，但子女数量对全职样本收入的影响却不显著。性别对全样本和兼职样本的收入影响不显著，但全职男司机比全职女司机收入在1%的水平上显著高出9.29%。零工劳动力市场也存在职业的性别隔离现象，特别是类似于网约车司机和外卖骑手等有较高体力要求的职业。因此，得益于身体条件优势，这些领域内男性的收入会普遍高于女性。同时，相较于女性，在对身体素质有较高要求的基础、通用技能平台上，相同条件的男性零工收入水平会较高。男性的性别一定程度上可能是扩大全职、兼职之间收入差异的因素，原因在于全职男性收入显著高于全职女性，但性别却不影响兼职群体的收入。发展型司机的平台收入水平显著高于生存型司机，但对全样本和兼职样本影响的显著性高于全职样本。拥有本地户口的总体、全职和兼职司机均比同类非本地户口者的平台收入低，但户籍制度对全职者的影响程度比兼职者更大。

第六，鉴于两种工作类型下，不同收入层次群体存在异质性，本书基于收入分布，分解了10、50和90分位数上司机总体以及全职、兼职司机分样本的平台收入，分析工作经历在不同分位数上对不同工作类型收入的影响：

总体回归结果显示，驾龄与各收入层次司机的平台收入水平均呈倒U形关系，但对低收入者的收入影响程度远大于对中等、高收入者的影响；国有企事业单位工作经历对各收入层次司机的平台收入影响都不显著；产能过剩行业工作经历仅与中等、高收入层次司机收入显著负相关，即来自产能过剩行业者的收入较低，但低收入群体的所受影响并不显著；负面求职经历对各收入层次司机的影响均显著，但对收入水平较低的司机平台收入的影响程度比中等、高收入司机要大，且影响显著性比中等收入司机要大。

分样本回归结果显示，驾龄与三个收入层次的全职、兼职样本的平台收入均显著呈倒U形关系，对兼职者的影响幅度均明显大于全职者，特别在低收入群体中，同等条件下，驾龄对兼职司机收入的提高幅度要远超全职者。因此，阈值以下，相同的驾龄增长带来的劳动者的技能提升，对各收入层次兼职者收入的增加幅度大于全职者，且在低收入层次上表现更为明显。国有企事业单位工作经历对各分位数不同工作类型司机平台收入的影响都不显著。在全职、兼职分样本中，除了对低收入全职者影响不显著，产能过剩行业工作经历在各收入层次上与不同工作类型司机的平台收入水平都显著负相关；对中等、高收入兼职者影响的显著性低于全职者；对中等收入全职者的影响程度和显著性均最大。因此，要特别关注来自产能过剩行业的中等收入全职群体技能的“适配性”问题。负面求职经历虽然在总体上与平台全职者的收入在10%的水平上显著负相关，与各收入层次兼职者的收入水平在1%和5%的水平上显著负相关，但对各分位数全职者的平台收入影响并不显著。此外，对低收入者的影响显著性和程度都大于中等、高收入群体。因此，针对有负面求职经历的群体，若要提升其平台收入水平，需要重点关注各收入层次兼职群体的心理健康状况，特别是低收入层次兼职司机群体。

综上，提高各收入层次个体技能水平，培养来自产能过剩行业（特别是中等收入全职者）群体的技能与所在零工平台需求的“适配性”，尤其要关注低收入兼职者；关注有过负面求职经历的各收入层次兼职（特别是低、高收入层次）群体的心理健康状况对提升平台收入水平具有重大意义。

第七，基于Oaxaca-Blinder方法，本书深入探索并展示工作经历和其他因素对平台收入差距产生的效用和贡献情况，发现不可解释的系数差异是造成不同工作类型零工收入差异的主要原因，驾龄和产能过剩行业工作经历对缩小收入差距起不同程度的作用，国有企事业单位工作经历的作用较小，而负面求职经历则扩大了收入差距。

可解释的特征值部分和不可解释的系数部分分别占总差异的46.92%和53.08%。由此可得，虽然二者差距不大，但可观测特征差异并非造成平台全职和平台兼职之间收入差异的最主要因素，另外不可观测部分可能来自零工就业市场内部的工作类型隔离、政策因素和外部环境的变化等，是造成不同工作类型收入差距的主要原因。可解释的特征差异又能进一步分解为驾龄、国有企事业单位工作经历、产能过剩行业工作经历、负面求职经历、受教育水平、户籍状况、婚姻状况、子女数量、性别、消费类型以及运营成本因素。驾龄和产能过剩行业工作经历对缩小收入差距起不同程度的作用，特别是驾龄的提升能够有效降低近30%的收入差距，但国有企事业单位工作经历的作用较小，而负面求职经历则扩大了收入差距。其他因素中，受教育水平、婚姻状况、性别对差距贡献率较高，其中，受教育水平的提高能够缩小收入差异，但已婚、男性则会在很大程度上扩大两种工作类型之间的收入差距。

由于本书中的外卖、网约车的行业性质决定了平台存在职业隔离——有较好身体条件的年轻男性更易在平台聚集，很难从性别和个体的婚姻状态出发去缩小平台存在的收入差异，因此，若要有效缩小收入差距，则需要：一方面，从技能水平（驾龄是技能水平的体现）和受教育水平的提升入手；另一方面，要努力降低过往求职、工作中的不平等经历对个体心理的负面影响，此外，可以从寻找歧视根源以降低零工就业市场存在的区别对待入手。

6.2 对结论的深入讨论

6.2.1 内部隔离问题

数字平台是否存在对不同工作类型零工的隔离？

在探讨不同工作类型零工收入差异时，本书发现不可解释差异占大部分，推测就业市场（平台）偏好、政策或外部环境变化等因素很可能是造成收入差距的主要原因。因此，零工就业市场对平台兼职者存在一定程度的隔离，相同可观测条件下平台全职零工的收入会普遍高于平台兼职零工。

平台企业对全职者的偏好多体现于其内部管理体系、评分、奖励等机制的设置方面，由此引发了全职者与兼职者之间的收入、福利差异。例如，平台采取措施在安全驾驶时间范围内（普遍规定连续出车4小时，强制休息20分钟），尽量延长司机的工作时长，以增加劳动力的供给，而在某类平台工作时间的延长会降低个体兼职工作的可能性。一般平台都建立了对司机的考评体系，作为衡量司机是否有权获得奖励、补贴的标准（杨伟国，王琦，2018）。评价结果主要包括：工作量、乘客和平台双方认定的服务质量。其中，工作量的主要衡量标准有“在线时长”和“行驶里程”等内容，若低于平台规定标准，司机相应评分就会降低，直接影响其接单量和平台收入水平，以促使司机延长其工作时间。兼职司机普遍在平台工作时长较短，在接单量受到影响的情况下，单位收入便低于全职者。

平台的这种治理偏好可能来自以下几个方面：

首先，在同类平台全职的人，该类工作的时间较长，可以累积更多的相关职业技能，生产率会更高，在能够给平台带来更多利润的同时降低平台的培训、运营等成本。

其次，较“稠密”（thicker）的劳动力市场能够提高工作的搜寻率及与劳动者的匹配效率，增加平台企业和劳动者双方的收益。现阶段的零工就业市场仍处于发展初期，缺乏“稠密度”，“工作连续性”得不到很好的保障。很大一部分平台全职者固定在某个平台工作（在单一平台企业工作），相较于经常变换工作的兼职者，在单一平台稳定工作的全职者更有助于“工作连续性”的实现，平台企业也就更偏好全职型零工。

Diamond（1982）的“椰子”模型已证明了劳动力市场的匹配会带来规模收益的增加。该理论认为，在劳动力市场上，从工人的角度来看，在较稠密的市场中寻找工作，搜寻成本能够大大降低。企业也是一样，在稠密市场中更容易为自己寻得合适的工作者。如果没有足够量的供给者和需求者，市场的稠密度保障不了，资源优化配置也就无法实现，劳动者就会失去工作的连贯性（罗斯，2015）。零工经济虽然发展迅速，但依旧处于发展初期，虽然大量劳动者投入其中，但绝对数量还是有限。在这样的条件下，为了实现工作连续性以保障企业的正常运营，平台会更希望司机能够在平台全职，相应的管理、奖惩机制和实践也会向平台全职司机倾斜。

此外，除了保障工作连续性外，多数基础、通用技能平台企业希望加大对劳动者的控制，也更欢迎全职者。平台对劳动者的治理模式取决于劳动者人力资本存量和专用性程度的高低，人力资本存量和专用性需求都较低的平台所扮演的角色更类似于传统的“雇主”，具有较强的控制性，即之前提到过的管理型平台；反之，平台则更多的是扮演一个服务、产品交易的媒介和自由市场角色，即自发型平台。研究中的外卖和网约车平台属于前者。从网约车平台司机的工作流程中，本书发现，虽然司机可以选择何时上线何时下线，然而一旦上线，整个工作过程都是受到平台控制的，且高峰的上线时长也是被严格规定的。网约车、外卖等基础、通用技能平台企业对个体工作过程的控制相对较强，这些平台扮演的角色更类似于传统雇主，他们更期待劳动者能够全职工作，以期达到降低成本、提高效率的目的。所以，平台管理的实践很有可能更有利于全职司机，例如可能在派单的时候倾向于给全职司机派单，或者给全职司机派送较为远程的订单等。

综上，基础、通用技能管理型平台旨在维护工作延续性的目的、拥有较强的控制力和主导性往往是对不同工作类型零工产生区别对待和歧视的根源。然而，在技术密集型的专业技能自发平台中，零工个体的自主性会更强，情况又会有所不同，技术密集型的零工人力资本存量较高，所以也会在工作中拥有更多的自我控制权，但也根据行业内容的不同而有所区别。

6.2.2 功能定位问题

零工就业市场是灵活的制度安排还是次级劳动力市场?

新结构主义社会学家Piore（1970）提出了二元劳动力市场理论。该理论认为，劳动力市场在制度作用下，被分割为一级劳动力市场和次级（二级）劳动力市场。劳动者在一级劳动力市场中能够获得较高的工资、稳定的收入、较好的工作条件、更多的升迁机会、优厚的福利和保障，而在次级劳动力市场中却很难得到上述待遇，工资水平比较低、工作条件相对差、管理比较粗放、就业不稳定等（李强，唐壮，2002）。

但通过对微观个体选择行为原因的细致把握，本书认为将零工就业市场理解为劳动力市场分割中的次级部门过于片面：

首先，研究发现数字零工就业中，劳动者的过往工作经历中产生的技能水平、技能状况，特别是个体主观层面的心理因素已经成为影响其就业选择行为的关键因素。例如，工作时间、产能过剩行业工作经历和负面求职经历对个体就业选择行为影响显著。区别于传统的“次级劳动力市场”

以劳动密集型个体谋求生存追求客观经济收益为主要特征，零工就业中，即便是基础、通用技能平台上的劳动者，个体人力资本和心理需求也会给其就业行为带来很大影响。零工作为理性个体不仅追求物质上的满足，也寻求非物质层面的自身效用最大化，如自我实现、工作满意、更多机遇、工作生活平衡等。

其次，本书内容主要围绕基础、通用技能平台，而专业技能平台多属于自发型平台，平台的治理模式普遍开放、宽松，旨在更多发挥劳动者的主观能动性和创新能力。然而，这些平台对就业者技能、资产、能力等方面都有较高特定的需求，因此，平台上的劳动者多为“高技能”“高资产”“高能力”群体，他们在平台上所获得收入、福利、保障和工作条件甚至会优于正规就业，在平台工作也多倾向实现非物质效用的最大化。所以，本书未涉及的大多数专业技能的自发型平台更可能属于一级劳动力市场范畴，如法律咨询平台、医疗服务平台等。此外，大部分作为独立承包商的零工，年龄更大、受教育水平更高、技能水平更高，因此，收入也普遍要高于同行业的正规被雇者（安德普翰，2021）。

自党的十九大以来，十一届六中全会延续至今的主要矛盾的判断发生了转变（桂华，2018）：“我国社会主要矛盾已经转化为人民日益增长的美好生活需要和不平衡不充分的发展之间的矛盾”。新时期，特别是数字经济时代下，随着整个社会经济水平的大幅提高和人民生活的不断改善，作为市场主体的劳动者已经不再止步于物质层面的满足，即便是技能水平相对较低的生存型群体也会关注自身主观层面、非物质层面的需求。

因此，不能“一刀切”地将整个零工就业归为一级或次级劳动力市场，有必要对其进行新的且有内部划分的功能定位。然而，本书发现零工就业内部存在基于不同工作类型零工的“隔离”，这种隔离主要源于零工就业市场和部分行业的平台（特别是基础、通用技能平台）的用工偏好，由此形成了基于工作类型的零工收入和福利分化。

6.2.3 职业化问题

零工工作需要被“职业化”吗?

一方面，近年来，无论是在实践层面还是国家政策层面均出现了部分零工工作“职业化”的趋势。2019年，人力资源和社会保障部将外卖骑手正式明确为“网约配送员”，并纳入国家职业分类名录。2020年7月，人力资源和社会保障部联合市场监督管理总局、国家统计局正式向社会发布9个新职业，也是自我国《中华人民共和国职业分类大典（2015年版）》颁布以来的第三批新职业。此次发布了5个工种，并将3个上升为职业，其中就有“互联网营销师”，即在数字化信息平台上，运用网络的交互性与传播公信力，对企业产品进行营销推广的人员（人民网，2020）。营销师职业下设“直播销售员”工种，也就是我们现在熟知的“网络带货主播”。所谓“职业化”，意味着一种工作状态的标准化、规范化以及制度化，即要求人们把社会或企业赋予的岗位职责专业化、标准化地完成，过程中扮演好自己的工作角色。另一方面，国家也相继出台政策、意见鼓励兼职就业的发展。2020年7月，国家发展和改革委员会等部门印发的《关于支持新业态新模式健康发展 激活消费市场带动扩大就业的意见》正式为兼职副业“正名”。文件明确提出，要大力发展微经济，鼓励“副业创新”，着力激发各类主体的创新动力和创造活力，打造兼职就业、副业创业等多种形式蓬勃发展的格局（国家发展改革委，2020）。

关于“零工工作是否需要被‘职业化’吗?”这个问题，本书认为应该具体问题具体分析。就本书的管理型基础、通用技能平台而言，职业化有利于劳动者、平台企业和政府三方利益的实现：

对劳动者来说，职业化有利于其物质资本和相关领域内人力资本的积累及劳动权益的保障。职业化会提高个体在某类平台的全职概率，而本书研究发现平台上全职者的收入一般高于兼职者，平台全职比兼职能够获得更多的经济收入。并且，在某类平台全职工作也有利于劳动者相关技能等人力资本的积累，提高生产率的同时又能够增加收入、改善工作满意度等。此外，被职业化的个体劳动权益保障也有据可循，促进了劳动权益的实现。

对平台企业来说，特别是通用、基础技能平台，职业化的劳动者更易管理和规范，类似于使用“平台全职”零工带来的益处。通用、基础技能工作需要提供的是标准化、流程化、规模化的产品和服务，因此，需要一系列工作标准和流程去规范劳动过程。相较于非职业化劳动者，职业化个体更易于管理，也更有助于企业生产效率的提高、生产运营成本的节约和规模效益的实现。具体而言，对于来自产能过剩行业和有过负面求职经历的零工，改善平台企业的治理和家庭的态度能够在增加个体对同类平台黏性的同时，推进相关类别零工工作的职业化和规范化。

对政府来说，已经规模化的零工工作种类（特别是基础、通用技能工作），将其职业化有利于劳动者与平台之间关系的协调、双方权利的实现和义务的履行、劳动力市场稳定的维护等。

6.3 政策和措施建议

克里斯·安德森（2006）在“长尾理论”中提出：只要产品、服务的存量和流通渠道足够，即使需求不大，其所占据的市场份额之和也能和少数需求量大的热销品所占据的市场份额匹敌，即众多微小市场的聚集能产生和主流相匹敌的市场能量。一个新经济范式的产生并不意味着旧有经济范式的结束，它们将在很长一段时间内共存，越高级的经济范式包容性越强，“即使是在发达的美国，也不代表没有原始的农业，且这种原始农业并非由技术瓶颈导致”（安德森，2006）。因此，包括零工经济在内的数字经济范式的产生并不意味着工、农业经济范式的消失，发生改变的是随着数字技术的发展，工作搜寻成本大幅下降，人们不需过多消耗就能借助数字技术发现过去很难发现的“尾部”事物。

在各种新的经济范式和就业形态不断涌现的浪潮下，零工经济和零工就业也在加速发展，但其内部市场密度不足、就业不平衡和不充分、不同工作类型群体的收入差异、职业化与灵活性之间的矛盾、职业技能培训和保障缺乏、平台管理机制不健全、政府相关政策和法规有待完善等问题仍有待解决。然而，数字零工就业未来将会在很长一段时间内存在，并成为就业形态未来发展的一大趋势，会有越来越多的人群参与其中。我们要认识到，新事物的产生必然伴随利弊的共存，不能消极抵制，而要采取积极的态度，正确面对其中存在的问题，针对问题提出解决方案并贯彻落实，才能实现良性循环，促进新事物乃至整个社会的发展。本书提出如下建议。

6.3.1 将人力资本存量作为平台用工关系判定要件

零工市场中岗位分解带来弹性、碎片化的工作特征，在帮助劳动者获得更多就业选择、收入来源和更灵活工作方式的同时，权益保障缺失等问题也与之相伴，由此产生的大量劳动争议、诉讼赔偿（娄宇，2021）也使平台企业应接不暇。劳动者权益保障与《中华人民共和国劳动法》（以下简称《劳动法》）适用的前提和依据是劳动（雇佣）[①]关系的认定，科学合理判定平台用工关系，是解决好平台劳动者权益保障真空状态的锁钥。然而，我国现行《劳动法》并未对劳动关系认定提出明确标准，司法实践中仅以《关于确立劳动关系有关事项的通知》（劳社部发〔2005〕12号）的三原则为依据，缺乏学术机理与相关的要素解释（肖竹，2021），导致

① 在我国的法律实务中，只存在劳动关系与劳务关系的区分，前者受劳动法律调整，后者受民事法律管辖；同时，劳务关系一般也被称为“雇佣关系”，对应的合同为劳务合同或雇佣合同。但西方语境下存在的是“雇佣”（employment）与“自雇佣”（self-employed）的区分，前者受劳动法律调整，后者受民事法律管辖。所以，本书所提到的“雇佣关系”“雇员”“雇主”基本同质于我国《劳动法》中的“劳动关系”“劳动者”“用人单位”。

零工劳动关系认定和与之相关的权益保障的司法实践缺乏约束和预期。2021年7月16日，人力资源和社会保障部等八部门齐发的《关于维护新就业形态劳动者劳动保障权益的指导意见》（以下简称《意见》）强调要“统筹促进平台经济发展与维护新就业形态劳动者权益”，为零工在内的新业态劳动者的权益保障提出了要求、奠定了基调。

在实际需求与政策指引下，从劳动关系从属性逻辑出发，提出相对清晰的、与零工市场相适应的劳动关系的认定标准权重和认定要素，明晰零工权益保障现状和作用机制是走出现阶段零工权益保障缺失困境的关键所在，也是在维护和平衡零工、平台双方利益的基础上，促进零工经济乃至整个社会经济的可持续、高质量发展的重要路径。

然而，现阶段，司法实践中并不存在统一的劳动关系认定要件和相关标准的权重，造成了平台用工劳动关系判定难的问题。本书认为，拨开迷雾，透过平台用工纷繁变化之现象，坚持平台用工性质判定之本质才是解决问题的关键。我国在以从属论为指导判定劳动关系时，主要以《关于确立劳动关系有关事项的通知》为准。该通知中明确界定了劳动关系判定三原则：用人单位招用劳动者未订立书面劳动合同，但同时具备“用人单位和劳动者符合法律、法规规定的主体资格”“用人单位依法制定的各项劳动规章制度适用于劳动者，劳动者受用人单位的劳动管理，从事用人单位安排的有报酬的劳动”“劳动者提供的劳动是用人单位业务的组成部分”三种情形的，劳动关系成立。通知中所列的判定内容与从属性的三个特征是一一对应的，如“规章制度的适用性”与“劳动管理”主要是对人格从属性的具体阐述，“有报酬的劳动”与“是用人单位业务的组成部分”分别是对“经济从属性”与“组织从属性”的具体阐述。

外在现象反映内在本质，内在本质决定于外在现象。《意见》中明确提出“根据用工事实认定企业和劳动者的关系，依法依规处理新就业形态劳动者劳动保障权益案件”。未来平台用工形式可能会愈加新颖化、复杂化与非典型化，但无论平台用工形式如何变化、各类劳动关系识别要件如何变型，坚持万变不离其宗的理念，始终做到以事实为本，在光怪陆离表象下回归劳动从属性本质仍是理论研究与司法裁决核心要义，围绕三原则，劳动关系判定过程中需重点关注“用工方对从业者工作过程控制”“从业者的工作内容是否属于用工方业务的组成部分”“报酬支付方式”三个要件。其中，最重要的工作过程控制很大程度上取决于劳动者的人力资本存量。

遗憾的是，无论域外还是国内，在司法实践的劳动关系认定中，并没有直接关注零工自身的人力资本存量问题，鉴于零工就业市场的人力资本特性，本书认为不同零工群体人力资本存量的多寡也应该作为认定其“劳动关系”的一个重要标准。一般而言，人力资本存量较低的基础、通用技能零工多从事规范化、流程化的工作，相对缺乏灵活性，这部分人对平台的人格从属性较强（娄宇，2020），平台也多采取“类雇主”模式进行管理以实现效益最大化。因此，这类零工与平台企业之间的关系更像传统的劳动关系，二者之间也需要履行和行使类似传统雇佣关系下劳资双方各自的义务和权利，例如，研究中的外卖骑手和网约车司机。基础、通用技能零工由于人力资本存量有限，单位时间内获得的平台收入也相对较低，更需要获得平台“雇主”提供的保障、福利或津贴等。若此类平台增加对零工收入和工作稳定性的保障，则零工选择平台全职的概率也会增长，也就更有利于工作的规范化和高效化，最终实现平台和零工利益的双赢。然而，人力资本存量较高的专业技能零工普遍对平台有经济而非人格从属性（娄宇，2020），从事的工作往往需要主观能动性、创造性等非流程化付出，企业扮演着更接近“自由市场”的角色，治理模式也相对灵活。零工和平台的关系更类似于协同的合作关系，而非传统雇佣关系，本书认为“工作关系”一词更能体现这种情况下零工与平台之间的松散关系。此外，由于人力资本存量较高的人大多在平台拥有较高收入，基本生活保障并非他们的最大诉求，也就无须平台履行传统用人单位的义务。

因此，本书认为，应明晰对零工在内的新业态从业人员的身份认定判断要件和权重，重要的是，零工个体的人力资本存量应作为判断其零工对用工单位人格从属性的重要要件。

6.3.2 提高平台收入水平的同时缩小收入差距

需要提高零工整体的平台收入水平，努力缩小不同工作类型零工的收入差距，具体而言：应支持并强化零工职业技能培训和相关基础设施建设；关注个体的心理健康和主观需求；提高零工的身体素质和身体健康水平。

从劳动者角度出发，劳动关系研究的最终目的都旨在探索和解决劳动力个体的收入、福利及权益保障等问题。根据研究结论，本书认为需要采取措施，在提升行业内部零工总体收入水平的同时，缩小零工就业内部不同工作类型群体之间的收入差异。

首先，本书中，在各收入层次上，工作时间和收入水平呈倒U形关系，阈值以下，收入水平与工作时间正相关。工作时间能够体现技能的积累程度，基于此，若要从整体上普遍提高零工的平台收入，需要先加强对个体的职业技能培训，不断提高其技能水平和与特定零工平台需求的“适配性”。特别对于产能过剩行业中，经过生产改革采用现代化技术后“析出”的那部分劳动者，政府、原产能过剩行业、平台企业需要合力解决其新技能建立和培养问题，以期使之更快适应新的零工工作，提高工作效率和收入水平，尤其是低收入兼职零工群体。

对于加强职业技能培训的具体措施，本书提出如下三点建议（杨伟国，邱子童，郑祁，2020）：一是立法先行，保障零工的培训权利。接受职业培训是劳动者在职业发展过程中，提高工作技能水平的合法权利。现阶段不仅处于新就业形态迅猛发展时期，也处于供给侧结构性改革时期，劳动力市场形式复杂多变，除已有的《中华人民共和国劳动法》、《中华人民共和国就业促进法》、《中华人民共和国劳动合同法》（以下简称《劳动合同法》)、《中华人民共和国职业教育法》外，还需要制定和颁布更多符合零工就业等新就业形态发展实际需求的行政法规和司法解释来夯实支持数字劳动者（零工等）职业技能培训的法律基础。具体而言，在国家层面，可以在《劳动合同法》的基础上扩展关于“数字灵活就业者职业技能培训”等内容，以立法形式确定和固化零工培训权利和相关内容，之后再通过社会合作伙伴形式确定权利义务主体并开展培训活动。在地方层面，可以在已有培训工作相关政策的基础上形成零工职业技能培训的办法、条例，旨在引导和规范地区零工培训工作。二是培训内容既要符合平台工作内容和工作量对劳动者技能的需求，符合现代化和数字经济发展的需求，也要符合劳动者实际的技能水平和就业需求。在此基础上，加快零工技能水平的提升，从而促进劳动者在特定平台生产率的提高、增加其技能与特定类型平台工作的“适配率”，要特别关注来自产能过剩行业的中等收入全职群体技能的“适配性”问题。三是加快零工职业培训主体机构的建设。要根据零工就业市场需求逐步转变政府主导办班的零工职业技能培训形式，大胆引入市场机制，推动有条件的平台企业建立类似“职业培训学院”的培训机构。可借鉴欧洲职业培训发展中心（European Centre for the Development of Vocational Training）的发展经验，建立促进数字劳动者素质和职业能力提升的相关政策性职业培训中心，以帮助制定和实施相关职业培训政策，提供教育和培训政策的数据，监测数字就业市场趋势。

其次，在培养和提高零工技能水平的同时，也要关注个体身心健康，旨在减缓超过年龄阈值后，个体平台收入水平随身体条件和风险偏好的降低而下降的趋势，减少产能过剩行业工作经历和负面求职经历对收入水平的负面影响，在这个过程中要重点关注低收入兼职群体的状况。

身心综合素质也是重要的人力资本，是劳动者队伍培养与建设的基础，有了良好的身体素质与心理状态，劳动者才能更好地参加培训、接受教育并在工作中创造价值。2016年国家层面“健康中国建设”的提出，明确了健康事业在经济社会发展全局中的重要性，《“健康中国2030”规划纲要》在发展基础、主要内容、实现路径和保障措施等方面都对健康事业的发展给出了较为详细的方向性指导，属于纲领性文件。在此基础上，国家和地方都还需要更为详尽且更具针对性的政策或指导内容对数字零工就业群体的健康发展内容作为补充。在提高身体素质方面，可以提供针对不同零工群体的职业化健康护理服务。具体而言，以不同工作内容的职业病为主要分类依据开展高效率、针对性、小而精的专业化职业健康保障工作，结合目标群体消费能力，借助近年来国家大力发展的全科医生项目，开展广覆盖、多内容、普适性的零工群体基本健康保障工作（杨伟国，邱子童，郑祁，2020）。

新时期的零工就业中，即便生存型个体，也不再单纯满足于经济利益获取，也同时追求主观层面的满足。来自产能过剩行业可能会降低个体在未来就业中的自信水平与自我评价，带来负面认知；负面求职经历则会直接影响到个体情绪及心理健康，最终影响其在平台的收入水平和福利状况。对企业来说，劳动者的心理问题会对企业整体劳动生产率、劳动安全以及平台管理方面产生不利影响。在心理健康建设方面，平台企业可设置专门的心理测评和心理疏导机制，用以发现和缓解零工的心理压力，了解零工的主观需求。特别是对刚进入平台的个体而言，预先进行心理测评可以全面了解其在过去工作、求职中经历过的负面求职经历所带来的负面情绪，有针对性地采取措施，具体的策略有：提供专业心理咨询师的面对面心理疏导服务；平台管理者主动约谈，以倾听诉求等。此外，产能过剩行业工作经历和负面求职经历对兼职者平台收入水平影响的程度、显著性大于全职者，平台兼职者会更多地暴露在负面影响下，所以在这个过程中要重点关注该群体。其中，通过对不同分位数的总体、全职、兼职分组分析，得出：相较于中等、高收入群体，驾龄的增长对低收入兼职者的平台收入提升作用程度最强，但同时，低收入兼职零工也最易受到产能过剩行业工作经历和负面求职经历的影响。因此，在兼职群体中，要重点关注产能过剩行业工作经历和负面求职经历对低收入者的影响。

除了提高零工收入水平以外，本书发现零工就业内部存在基于不同工作类型的隔离，导致平台全职者的收入普遍高于兼职者。从个体工作经历层面入手，能够有效缩小不同工作类型之间的收入差异。本书得出结论：工作时间的增加能够显著缩小全职、兼职之间的收入差异，负面求职经历则会扩大差异，且前者能够增加个体平台收入水平，后者则会在一定程度上降低收入水平并对低收入人群影响更显著。因此，大力支持和强化零工相关的职业技能培训以及关注个体心理健康和主观需求不仅能提高零工的平台收入水平，而且能缩小不同工作类型群体之间的收入差异。

6.3.3 保障平台工作连续性并避免市场“阻塞”

政府和平台企业需要在保障“工作连续性”的同时避免市场“阻塞”。如前所述，零工就业内部的工作类型“隔离”主要源于现阶段的零工就业市场缺乏“稠密度”，“工作连续性”得不到很好的保障。区别于价格作为资源配置机制的自由市场和企业作为资源配置机制的规模化工业经济，数字零工经济的市场更像是一个“配对市场”，数字市场中的劳动力个体及其服务、商品呈现多样化特征，而客户的需求也体现出个性化和差异化，对多样、稀缺资源的配置是在配对过程中进行的（罗斯，2015）。在配对机制中，如果市场没有足够量的供给者和需求者，“稠密度”保障不了，资源优化配置和劳动者工作的连续性就无法实现。但如果市场过于“稠密”，也会有“阻塞”的风险，资源配置效率也会受到影响，这是因为市场越“稠密”，选择范围随着市场“稠密度”的增加而扩大，选择需要耗费的时间就会越长（罗斯，2015）。

因此，在国家、地方和企业层面，要通过实践和科学分析出最适合特定零工就业市场供需匹配的市场“稠密度”，基于此进行相关政策的实施和基础设施的建立，以促进市场良性循环和健康发展。需要在保证数字就业市场“稠密度”的前提下，又不会造成市场阻塞，才能实现数字匹配市场更加高效的运行和数字零工就业市场人力资源的更优化配置，缓解“工作缺乏连续性”的问题。一方面，需要加强匹配市场中数字基础设施的建设，建立高效、快速、便携（可移动）、安全、可信的数字信息基础设施；另一方面，要加强企业内部的相关数字设施的建设，并保障企业发布信息的准确性、即时性、对称性、透明性，使劳动者能快速地掌握信息。

6.3.4 建立公平和效率相结合的社会保障体系

在确保符合劳动关系条件的零工获得权益保障的基础上，强调“公平”和“效率”的结合，对部分符合劳动关系情形的个体，在国家层面可以通过建立“基于工作的基本收入计划（Universal Work Basic Income，UWBI）”等符合数字就业市场的新型社会保障体系来解决相关的权益保护问题。

传统的基本收入计划（Universal Basic Income，UBI）是政府向所有公民或居民提供的定期固定现金转移支付，无论是富人、穷人，还是希望从事有偿工作的就业人（Raventós，2007）。基本收入具有普遍性（universality）、个性（individuality）和无条件（un-conditionality）三个特征（De Wispelaere & Stirton，2004；Van Parijs，2004），虽然有自由、公正、降低普遍贫困等优点，但也存在与之相关的经济压力、管理困难、降低工作积极性等问题（UNDP China Office，2017）。张五常从合约自由角度出发，认为无条件的、过度的福利政策通常会损害产业竞争力，扭曲劳动力市场，阻碍企业的发展，最终也达不到保护劳动者的目的（张五常，2019）。

区别于设法保证所有人的最低收入，确保任何有需要的人以及应得的人都获得有保证的最低收入，才能更好地应对劳动力市场变化后产生的新的社会风险。因此，除了提高零工整体的收入水平和缩小“隔离”带来的收入差异以外，也要强调公平、效率的结合，强调“权责对等”。对不完全符合劳动关系情形的个体，无论属于哪种工作类型，有劳动能力的零工必须承担相应的工作义务，才有获得最低救助的权利和资格。

无论平台全职还是平台兼职，任何人必须参加工作才有可获得报酬（含实物报酬）的权利，国家通过提供社会工作机会来为暂时无工作的公民提供报酬。个体投入到了数字工作市场中并确实进行了工作才会有受到相关社会保障的机会。然而，这只是在确定符合劳动关系零工获得权益保障的基础上，针对部分符合劳动关系情形的个体实现公平和效率相结合的手段，具体落实时要注意根据零工内部的不同群体差异化需求有针对性地设置保障内容和参保方式。例如，本书中，相较于中等、高收入群体，低收入兼职者会更多地暴露在不稳定和就业风险中，会受到更多来自诸如工作时间、行业性质（产能过剩）和负面求职经历的影响，他们可能更需要相关的保障。因此，需要加强对低收入特别是其中的兼职群体的关注和保障。

6.4 本书创新、局限和展望

6.4.1 研究创新

第一，区别于已有非正规就业研究对传统劳动关系下全职、兼职问题的探索和以往的零工就业研究多探讨就业参与决策，本书重点关注新就业领域的一个新问题——零工就业内部个体的工作类型选择和收入情况，旨在探讨其内部隔离问题，以及提出增加零工收入、缩小收入差距和提供社会保障的相关建议。零工就业虽然有利有弊，却是未来就业市场发展不可避免的趋势，我们不能“因噎废食”，要采取积极的态度面对这一趋势，正确面对其中存在的问题，针对问题提出解决方案并贯彻落实，才能实现良性循环，促进新事物乃至整个社会的发展。从这一角度出发，一定意义上，对“内部工作类型选择”探索的意义与“就业参与决策”的研究同样重要，但已有零工就业研究较少关注这一问题，多集中探讨个体在做出就业参与决策时的利弊权衡。此外，关于全职、兼职问题的探讨，现有研究多关注传统劳动关系下的情况，较少讨论数字时代零工就业中平台全职和平台兼职的问题，而数字技术的使用，使旧的问题有了新的内容。本书则提出并探索了一个新的研究问题。

第二，区别于以往单一的纯定量研究，本书先通过一些定性的研究方法从现象层面总结并提出研究假设，再通过定量研究对假设进行证实和证伪。新制度经济学家张五常曾经说过："学问要为'真理'而执着，但'成见'避之则吉；如果每次看同样的事，仿佛是第一次遇上，那么'成见'也就不驱而散。"这里的"成见"代表已有的理论和研究结论，而"真理"则是对同一问题提出新的解释和观点。本书从现象描述入手，发现并提出研究问题，大大降低了"成见"形成的可能，也使最终的结论和认知更加接近"真理"，特别是对零工就业这个相对较新、发展较快的新领域而言，更为受用。

第三，本书基于传统理论构建了理论框架：分别基于传统的兼职就业理论和Mincer的收入决定方程构建了零工工作类型选择影响因素框架以及零工平台收入决定因素框架，作为本书的理论基础。

第四，对于工作经历，本书考察了国有企事业单位和产能过剩行业工作经历，突出了现阶段中国情境下存在的问题和现象。

第五，在探讨平台收入问题时，本书主要探讨零工的平台收入水平，而非总收入，试图深入探索零工就业内部是否存在区别对待或歧视带来的隔离和分化问题。

6.4.2 研究局限和展望

区别于已有的劳动关系领域的成熟研究，本书是对一个全新领域——零工就业——的探索，不免会存在一些问题和局限。

第一，本书仅从劳动力供给侧的微观视角来探讨零工就业问题（零工个体的工作经历对平台工作类型选择、收入和收入差异的影响），且并未控制家庭层面的收入、财务状况因素。一方面，宏观层面只考虑了户口机制的影响，并没有加入宏观经济环境、政策、文化等多方影响；另一方面，也没有考虑劳动力需求方的影响。宏观经济政策、收入分配和社会保障政策以及劳动力需求方等因素对零工个体的工作类型选择和收入也会产生影响。例如，Kuznets（1955）认为收入差距及变化是由一系列条件造成的，包括政治、经济、社会和人口条件等（Kuznets，1955）。王小鲁和樊纲（2005）也认为收入差异主要受到经济增长相关因素、收入再分配和社会保障相关因素、公共产品和基础设施相关因素及制度相关因素的影响。然而，本书数据缺少相关信息。此外，考虑到可能产生共线性问题，家庭层面并未考虑家庭收入和财务状况的影响。

第二，本书可能仍存在遗漏变量引起的内生性问题。由于本书主要探讨个体过往的工作经历对其工作类型选择的影响，本身的时间先后顺序决定了不存在反向因果问题。然而，研究仍可能存在遗漏变量带来的内生性问题，即如果该遗漏变量在影响被解释变量的同时也影响某解释变量，则内生性问题便出现了。研究中，个体的工作经历可能与工作类型选择一起受到某些遗漏变量的影响。克服此内生性问题的一般做法是引入同时具备"相关性"和"内生性"两个条件的工具变量——会影响个体的工作经历，但不会直接影响个体的工作类型选择的因素（一般选择不在一个层面的因素）。但是，本书通过努力尝试后并没有找到适合的工具变量去克服这个问题。

第三，本书可能存在数据的代表性问题。首先，本书结论只能代表基础、专业技能零工和平台的情况，并不能反映专业技能平台的情况。在研究的两组数据中，一组关于外卖平台，研究对象是外卖骑手，另一组关于网约车平台，研究对象是专车司机，他们属于基础、通用技能零工，人力资本存量较低。所以，本书得出的结论在一定程度上只能代表基础、通用技能群体的状况。相同的问题，对于专业技能零工，结果可能会有差异。专业技能群体的人力资本存量相对较高，在劳动力市场存在较强的比较优势，平台和客户控制相对较弱，自主性和工作灵活性都比较强，以上特征都与基础、通用技能群体有很大差异，其在平台的选择行为和收入水平也就会不一样。其次，本书的外卖骑手数据来源于北京地区，在某些方面并不能完全代表国内其他地区骑手的情况，如受教育水平。《城市新青年：2018外卖骑手就业报告》统计显示，在全国范围内，骑手受教育水平在专科以上的只占总数的15%左右（美团研究院，2019），而本书对象为北京地区的骑手，相比之下骑手的受教育水平普遍较高，大专以上的占48%左右。

第四，本书可能存在数据使用的逻辑性问题。其一，本书用基于通用技能零工数据的定量分析验证基于基础技能群体数据和访谈分析得出的假设。本书选取U平台网约车司机数据来验证外卖骑手数据提出的假设主要基于三点合理性：两类群体所处平台的治理模式类似；两类群体的技能差异并不明显；数据类型符合研究需要。然而，骑手和网约车司机群体还是具有一定差异性的，包括：工作内容和具体要求不同[①]，所需技能不同，平台具体的管理手段也会有一些差异等。其二，本书提出假设的数据来源（2018年的外卖劳动调查）先于验证的数据来源（2016年的网约司机调查），或存在数据的时间先后次序问题，但基于以上三点合理性，且两组数据之间间隔不大，本书经过权衡之后进行了相应的数据选择。

第五，本书可能存在数据使用的情境和时效性问题。研究仅讨论了中国情境下的零工就业情况，且数据的时效性并不是很强。所使用的两组数据的研究对象仅只针对中国情境下的零工，中国属于新兴的经济体，内部情况和西方发达国家还是存在很大的差异的。比如，中国对于零工就业等新业态的相关规制还是相对欠缺，而西方很多国家已经出台并实施了相关的法律法规（美国政府对于“平台服务者”的身份认定已经颁布相关意见

① 骑手作为实际产品和服务的提供者与外卖骑手作为制成产品的运送者所扮演的角色和承担的工作内容具有差异性。

书）。本书使用的国有企事业单位工作经历和户口机制两个变量是中国情境下特有的影响因素，在其他国家并不适用。因此，研究结论在除中国以外其他地区的适用性还有待验证。此外，两组数据的搜集分别是在2016年和2018年，数字技术不断迭代更新，发展飞速，经济、文化、社会等情况变化较大，包括零工工作市场的情况也在不断变化中，因此，本书某些结论不能完全代表当下的状况，在探讨今天的问题时还需实事求是，具体问题具体分析。

综上，首先，本书只探讨了微观层面劳动力供给方的抉择，未考虑除户口机制以外的宏观政策、经济条件和需求方等因素；其次，未能成功解决遗漏变量可能引起的内生性问题；最后，数据使用存在一定的代表性、逻辑性、情境局限性和时效性等细节问题。

为了填补上述空白，未来对零工就业的研究需要同时考虑其他宏观政策因素、经济环境因素、劳动力需求方等因素的影响；尽量保持提出假设的现象分析对象和定量研究对象类型的一致性；需要探讨专业技能零工群体的问题；不只关注中国等发展中国家，也同样探讨和对比发达国家的情况；要尽量引入适合的工具变量来尽量克服内生性问题；注意数据使用的逻辑性和代表性问题；要与时俱进。

参考文献

[1] 安德普翰．洞察商业中的零工劳动力 [R/OL]．(2021-03-07) [2023-03-20]．http：// www.adpemploymentreport.com.

[2] 贝尔．当代西方社会科学 [M]．范岱年，等译．北京：社会科学文献出版社，1988.

[3] 陈强．高级计量经济学及 Stata 应用 [M]．2版．北京：高等教育出版社，2014.

[4] 滴滴政策研究院．新经济　新就业：2017年滴滴出行平台就业研究报告 [R/OL]．(2017-10-24) [2023-03-20]．https：//www.docin.com/p-2037932524.html.

[5] 丁晓东．平台革命、零工经济与劳动法的新思维 [J]．环球法律评论，2018，40 (4)：87-98.

[6] 饿了么．2020饿了么蓝骑士调研报告 [R/OL]．(2020-04-21) [2023-03-20]．https：//pdf. dfcfw. com/pdf/H3_AP202004241378553199_1. pdf? 1587845818000.pdf.

[7] 国家发展改革委，中央网信办，工业和信息化部，等．关于支持新业态新模式健康发展 激活消费市场带动扩大就业的意见：发改高技〔2020〕1157号 [A/OL]．(2020-07-15) [2023-03-20]．http：//www.gov.cn/zhengce/zhengceku/2020-07/15/content_5526964.htm.

[8] 菲歇尔．利息理论 [M]．陈彪如，译．上海：上海人民出版社，1999.

[9] 桂华．论社会主义地利共享秩序及其制度实现——兼评《土地管理法》修订 [J]．社会科学，2018 (6)：62-71.

[10] 国家信息中心分享经济研究中心．中国共享经济发展报告

(2021) [R/OL]. (2021-02-22) [2023-03-20]. http: //www.sic.gov.cn/archiver/SIC/UpFile/Files/Default/20220222100305459566.pdf.

[11] 郭震. 城镇居民和流动人口工资差距：户籍歧视还是性别歧视[J]. 南方经济，2013 (8)：69-77.

[12] 韩雷，陈华帅，刘长庚. “铁饭碗”可以代代相传吗？——中国体制内单位就业代际传递的实证研究 [J]. 经济学动态，2016 (8)：61-70.

[13] 侯风云. 中国农村人力资本收益率研究 [J]. 财经研究，2004 (12)：75-84.

[14] 胡鞍钢，赵黎. 我国转型期城镇非正规就业与非正规经济(1990—2004) [J]. 清华大学学报（哲学社会科学版)，2006 (3)：111-119.

[15] 黄鹏进. 农民的行动逻辑：社会理性抑或经济理性——关于“小农理性”争议的回顾与评析 [J]. 社会科学论坛（学术评论卷)，2008 (8)：67-75.

[16] 李长江. 关于数字经济内涵的初步探讨 [J]. 电子政务，2017 (9)：84-92.

[17] 李凤翔. 理性选择理论述评 [J]. 经济研究导刊，2014 (36)：302-303.

[18] 李广海. 基于有限理性的投资决策行为研究 [D]. 天津：天津大学，2017.

[19] 李国光. 劳动合同法理解与适用 [M]. 北京：人民法院出版社，2007.

[20] 李强，唐壮. 城市农民工与城市中的非正规就业 [J]. 社会学研究，2002 (6)：13-25.

[21] 李实，张平，魏众. 中国居民收入分配实证分析 [M]. 北京：社会科学文献出版社，2000.

[22] 李实，丁赛. 中国城镇教育收益率的长期变动趋势 [J]. 中国社会科学，2003 (6)：58-72.

［23］李斯特．政治经济学的国民体系［M］．陈万煦，译．北京：商务印书馆，1961.

［24］李晓曼．家庭生产、社会网络与自选择——非正规就业决策的因素与影响［M］．北京：中国劳动社会保障出版社，2016.

［25］李晓曼，孟续铎．化解产能过剩中的受影响职工：规模、现状与安置对策［J］．中国人力资源开发，2017（6）：123-129.

［26］李心萍．托底民生，多举措并举稳就业［N］．人民日报，2020-04-10（5）.

［27］林嘉．劳动法的原理、体系与问题［M］．北京：法律出版社，2016.

［28］刘承波．鼓励非正规就业 促进毕业生就业模式多样化［J］．中国高等教育，2004（12）：29-31.

［29］刘树成，李实．对美国“新经济”的考察与研究［J］．经济研究，2000（8）：4-6.

［30］娄宇．平台经济从业者法律制度的构建［J］．法学研究，2020（2）：190-208.

［31］娄宇．新业态从业人员职业伤害保障的法理基础与制度构建——以众包网约配送员为例［J］．社会科学，2021（6）：20-29.

［32］罗斯．共享经济：市场设计及其应用［M］．傅帅雄，译．北京：机械工业出版社，2016.

［33］马小芳，梁凯豪，郑伟．城市创新能力与城市化耦合协调分析——以湖北省为例［J］．经济研究导刊，2017（11）：87-89.

［34］马歇尔．经济学原理：上卷［M］．朱志泰，译．北京：商务印书馆，1964.

［35］麦克库洛赫．政治经济学原理［M］．郭家麟，译．北京：商务印书馆，1975.

［36］美团研究院．城市新青年：2018外卖骑手就业报告［R/OL］.

(2019-06-19)[2023-03-20]. https: //www.doc88.com/p-4631661629851.html.

[37] 美团研究院. 2019年及2020年疫情期美团骑手就业报告 [R/OL].(2020-03-10)[2023-03-20]. https: //about.meituan.com/research/report.

[38] 穆勒. 政治经济学原理：上卷 [M]. 赵荣潜，桑炳彦，朱泱，等译. 北京：商务印书馆，1991.

[39] 彭聃龄. 普通心理学 [M]. 北京：北京师范大学出版社，2004.

[40] 中共人力资源和社会保障部党组. 全力以赴做好应对疫情稳就业工作 [J]. 求是，2020 (7)：59-64.

[41] 人民网. "带货主播"成为新工种 三部门发布9个新职业5个新工种 [EB/OL].(2020-07-06)[2023-03-20]. http: //society.people.com.cn/n1/2020/0706/c1008-31772920.html.

[42] 萨伊. 政治经济学概论 [M]. 陈福生，陈振骅，译. 北京：商务印书馆，1963.

[43] 舒尔茨. 人力资本投资 [M] // 外国经济学说研究会. 现代国外经济学论文选：第八辑. 北京：商务印书馆，1984.

[44] 苏治. 理性与非理性的博弈：现代投资决策理论的演进 [J]. 求是学刊，2011 (4)：70-76.

[45] 孙敬水，黄秋虹. 中国城乡居民收入差距主要影响因素及其贡献率研究——基于全国31个省份6937份家庭户问卷调查数据分析 [J]. 经济理论与经济管理，2013 (6)：5-20.

[46] 孙秀娟，段锦云，田晓明. 国外兼职创业研究进展述评及展望 [J]. 外国经济与管理，2014 (10)：61-70.

[47] 汤勇. 建筑业农民工人力资本产权结构研究 [J]. 技术经济与管理研究，2012 (1)：100-103.

［48］瓦尔拉斯．纯粹经济学要义［M］．蔡受百，译．北京：商务印书馆，1989.

［49］王宏昌，林少宫．诺贝尔经济学奖金获得者演讲集：中册［M］．北京：中国社会科学出版社，1997.

［50］王小鲁，樊纲．中国收入差距的走势和影响因素分析［J］．经济研究，2005（10）：24-36.

［51］肖竹．劳动关系从属性认定标准的理论解释与体系构成［J］．法学，2021（2）：160-176.

［52］谢舜，周鸿．科尔曼理性选择理论评述［J］．思想战线，2005（2）：70-73.

［53］斯密．国富论［M］．陈星，译．北京：北京联合出版公司，2013.

［54］斯密．国民财富的性质和原因的研究：上卷［M］．郭大力，王亚南，译．北京：商务印书馆，1972.

［55］杨伟国，李晓曼，吴清军，等．零工就业中的异质性工作经历与保留工资——来自网约车司机的证据［J］．人口研究，2021（2）：102-117.

［56］杨伟国，邱子童，郑祁．高质量发展与高素质劳动力：国际实践与中国选择［M］．大连：东北财经大学出版社，2020.

［57］王琦，吴清军，杨伟国．平台企业劳动用工性质研究——基于P网约车平台的案例［J］．中国人力资源开发，2018（8）：96-104.

［58］杨伟国，王琦．数字平台工作参与群体：劳动供给及影响因素——基于U平台网约车司机的证据［J］．人口研究，2018（4）：78-90.

［59］杨伟国，吴清军，张建国，等．中国灵活用工发展报告［M］．北京：社会科学文献出版社，2021.

［60］阳玉香，莫旋．政府培训能增加流动人口的收入吗？——基于Blinder-Oaxaca分解的实证研究［J］．人口与经济，2017（4）：119-126.

[61] 姚先国，张海峰. 中国教育回报率估计及城乡差异分析——以浙江、广东、湖南、安徽等省的调查数据为基础［J］. 财经论丛，2004（6）：1-7.

[62] 詹婧，王艺，孟续铎. 互联网平台使灵活就业者产生了分化吗？——传统与新兴灵活就业者的异质性［J］. 中国人力资源开发，2018（1）：134-146.

[63] 张凤林. 人力资本理论及其应用研究［M］. 北京：商务印书馆，2011.

[64] 章莉，李实，DARITY，等. 中国劳动力市场上工资收入的户籍歧视［J］. 管理世界，2014（11）：35-46.

[65] 章莉，李实，DARITY，等. 中国劳动力市场就业机会的户籍歧视及其变化趋势［J］. 财经研究，2016（1）：4-16.

[66] 张五常. 新卖桔者言［M］. 北京：中信出版社，2019.

[67] 赵红梅. 人力资本演变的关联机制研究——基于城市集聚的视角［D］. 天津：天津大学，2007.

[68] 郑祁，杨伟国. 零工经济的研究视角——基于西方经典文献的述评［J］. 中国人力资源开发，2019（1）：129-137.

[69] 中国信息通信研究院.全球数字经济白皮书（2022年）［R/OL］.（2021-09-22）［2023-03-20］. http：//www.199it.com/archives/1314722.html.

[70] 中国互联网络信息中心. 第44次中国互联网络状况发展统计报告［R/OL］.（2019-08-30）［2023-03-20］. http：//www.cac.gov.cn/2019-08/30/c_1124938750.htm.

[71] AHMAD N，PAUL S. Are GDP and productivity measures up to the challenges of the digital economy？［J］. International Productivity Monitor，2016，9（2）：4-28.

[72] ALEXANDER J C. Sociological theory since 1945［M］. Berkeley，

CA：University of California Press，1987.

[73] ALIAGA A O. Human capital，HRD and the knowledge organization [M] // ALIAGA O A. Academy of human resource development 2001：Conference proceedings.Baton Rouge，LA：AHRD，2001.

[74] ALLEN D W. The moonlighting decision of unmarried men and women：Family and labor market influences [J]. Atlantic Economic Journal，1998，26（2）：190–205.

[75] ÅSTEBRO T，CHEN J. The entrepreneurial earnings puzzle：Mismeasurement or real? [J]. Social ence Electronic Publishing，2013，29（1）：88–105.

[76] ATHERTON A，FARIA J R，WHEATLEY D. The decision to moonlight：Does second job holding by the self-employed and employed differ? [J]. Industrial Relations Journal，2016，47（3）：279–299.

[77] AMUEDO-DORANTES C，KIMMEL J. Moonlighting over the business cycle [J]. Economic Inquiry，2009，47（4）：754–765.

[78] AVERETT S L. Moonlighting：Multiple motives and gender differences [J]. Applied Economics，2001，33（11）：1391–1410.

[79] BARDASI E，GORNICK J C. Women and part-time employment：Workers' "choices" and wage penalties in five industrialized countries [EB/OL]. [2023-03-20]. https：//www.econstor.eu/bitstream/10419/160895/1/lis-wps-223.pdf.

[80] BATES T. Self-employment entry across industry groups [J]. Journal of Business Venturing，1995，10（2）：143–156.

[81] BAUMANN F，BRÄNDLE T. Self-employment，educational attainment and employment protection legislation [J]. Labour Economics，2012，19（6）：846–859.

[82] BECKER G S. Investment in human capital：A theoretical analysis

[J]. Journal of Political Economy, 1964, 70 (5): 9-49.

[83] BECKER G S. The economic approach to human behavior [M]. Chicago: University of Chicago Press, 1976.

[84] BECKER G S. A treatise on the family [J]. Cambridge, MA: Harvard University Press, 1991.

[85] BECKER G S. Human capital: A theoretical and empirical analysis with special reference to education [J]. Chicago: University of Chicago Press, 1993.

[86] BELL D N, HART RA, WRIGHT R E. Multiple job-holding as a "hedge" against unemployment [Z]. CEPR Discussion Papers, No.1626, 1997.

[87] BELL B. Educational mismatch and entry into entrepreneurship [Z]. Paper presented at the 35th DRUID Celebration Conference, Barcelona, 2013 (6), 17-19.

[88] BLANCHFLOWER D. Self-employment in OECD countries [J]. Labour Economics, 2000, 7 (5): 471-505.

[89] BLINDER A S. Wage discrimination: Reduced form and structural estimates [J]. Journal of Human Resources, 1973, 8 (4): 436-455.

[90] BÖHEIM R, TAYLOR M. And in the evening she's a singer with the band-second jobs, plight or pleasure? [J]. IZA Discussion Paper No.1081, 2004.

[91] BOSMA N, VAN PRAAG M, THURIK R, et al. The value of human and social capital investments for the business performance of startups [J]. Small Business Economics, 2004 (23): 227-236.

[92] BRIKEN K, TAYLOR P. Fulfilling the "British way": Beyond constrained choice - Amazon workers' lived experiences of workfare [J]. Industrial Relations Journal, 2018, 49 (1): 5-6; 438-458.

[93] BROWN, FARRELL, HARRIS. Modeling the incidence of self-employment: Individual and employment type heterogeneity [J]. Contemporary Economic Policy, 2011, 29 (4): 605–619.

[94] BRUDERL J, PREISENDORFER P, ZOEGLER R. Survival chances of newly founded organizations [J]. American Sociological Review, 1992, 57 (2): 227–242.

[95] BUGHIN J, MISCHKE J. Exploding myths about the gig economy [R/OL]. (2016–11–28) [2023–03–20]. https: //www.mckinsey.com/mgi/overview/in-the-news/exploding-myths-about-the-gig-economy.

[96] BURTCH G, CARNAHAN S, GREENWOOD B N. Can you gig it? An empirical examination of the gig economy and entrepreneurial activity [J]. Management Science, 2018, 64 (12): 5497–5520.

[97] BUTTLER D, SIERMINSKA E. Career or flexible work arrangements? Gender differences in self-employment in a young market economy [Z]. IZA Discussion Paper, No.12643, 2019.

[98] CALIENDO M, FOSSEN F, KRITIKOS A. Risk attitudes of nascent entrepreneurs—New evidence from an experimentally validated survey [J]. Small Business Economics, 2009, 32 (2): 153–167.

[99] California Government. California Assembly Bill No. 5-Worker status: Employees and independent contractors [EB/OL]. (2020–01–17) [2023–03–20]. https: //www.camico.com/blog/california-assembly-bill-no-5.

[100] CALVO G, WELLISZ S. Technology, entrepreneurs and firm size [J]. Quarterly Journal of Economics, 1980, 95 (4): 663–677.

[101] CAMERON L D. Making out while driving: control, coordination, and its consequences in algorithmic labor [Z]. Job Market Paper, 2019.

[102] CAMPBELL K. Gender differences in job-related networks [J]. Work and Occupations, 1988, 15 (2): 179–200.

[103] CARMEN N, RAZVAN C. The digital economy and the evolution of waste electrical and electronic equipment in European Union [J]. Communications of the IBIMA, 2008, 4 (2): 8-12.

[104] CARR D. Two paths to self-employment: Women's and men's self-employment in the United States, 1980 [J]. Work and Occupations, 1996, 23 (1): 26-53.

[105] CHAI J C HI, CHAI B K. China's floating population and its implications [J]. International Journal of Social Economics, 1997, 24 (7): 1038-1051.

[106] CHEN V, CHARMES G, CARRÉ H, et al. Women and men in the informal economy: A statistical picture [R]. Geneva: International Labour Office, 2002.

[107] CHOE C, OAXACA R L, RENNA F. Constrained vs unconstrained labor supply: The economics of dual job holding [J]. Journal of Population Economics, 2018, 31 (4): 1279-1319.

[108] COLEMAN J S. Foundations of social theory [J]. Cambridge, MA: Harvard University Press, 1990.

[109] CONNELLY R. The importance of childcare costs to women's decision making [M] // BLAU D M. The Economics of child care. New York: Russell Sage Foundation, 1991.

[110] CRAMER J, HARTOG J, JONKER N, et al. Low risk aversion encourages the choice for entrepreneurship: An empirical test of a truism [J]. Journal of Economic Behavior & Organization, 2002, 48 (1): 29-36.

[111] CRESSY R. Are business start-ups debt-rationed? [J]. The Economic Journal, 1996, 106 (438): 1253-1270.

[112] CUNHA F, HECKMAN J. The technology of skill formation [J]. American Economic Review, 2007, 97 (2): 31-47.

[113] DAME J. How the gig economy can fit your business [J]. Central Penn Business Journal, 2016, 32 (41): 14-17.

[114] DAWSON C, HENLEY A, LATREILLE P. Individual motives for choosing self-employment in the UK: Does region matter? [J]. Regional Studies, 2013, 48 (5): 804-822.

[115] DE STEFANO V. The rise of the just-in-time workforce: On-demand work, crowdwork and labour protection in the gig-economy [J]. Comparative Labor Law Journal, 2016, 37 (3): 471-504.

[116] DE WISPELAERE J, STIRTON L. The many faces of universal basic income [J]. The Political Quarterly, 2004, 75 (3): 266-274.

[117] DECI E L, RYAN R M. Facilitating optimal motivation and psychological well-being across life's domains [J]. Canadian Psychology, 2008, 49 (1): 14-23.

[118] DEMIRGÜC-KUNT A, KLAPPER L, PANOS G.Entrepreneurship in post-conflict transition: The role of informality and access to finance [Z]. Policy Research Working Paper Series 4935, World Bank, 2009.

[119] DIAMOND P. Aggregate demand management in search equilibrium [J]. The Journal of Political Economy, 1982, 90 (5): 881-894.

[120] DOERINGER P B, PIORE M J A. Internal labor markets and man power analysis [R]. Cambridge: Massachusetts Institute of Technology, 1971.

[121] DOKKO J, MUMFORD M, SCHANZENBACH D W. Workers and the online gig economy: A Hamilton project framing paper [R/OL]. (2015) [2022-03-20]. https://www.hamiltonproject.org/assets/files/workers_and_the_online_gig_economy.pdf.

[122] DONOVAN S A, BRADLEY D H, SHIMABUKURU J O. What does the gig economy mean for workers? [R/OL]. (2016-02-05) [2023-03-

20]. https: //digital.library.unt.edu/ark: /67531/metadc824431/.

[123] DOUGLAS E, SHEPHERD D. Self-employment as a career choice: Attitudes, entrepreneurial intentions, and utility maximization [J]. Entrepreneurship Theory and Practice, 2002, 26 (3): 81-90.

[124] DUBOIS D, MCKEE A S. Facets of work experience [C]. 9th Annual Conference of the Society for Industrial and Organizational Psychology, 1994.

[125] DUNN M. Who chooses part-time work and why? [Z]. Monthly labor review / U.S.Department of Labor, Bureau of Labor Statistics, 2018.

[126] EBANKS. Welcome to the gig economy: The new normal? [R]. US Government Research Report, 2016.

[127] EKELUND J, Johannson E, Järvelin M, et al. Self-employment and risk aversion-evidence from psychological test data [J]. Labour Economics, 2005, 12 (5): 649-659.

[128] European Commission. The Importance of the digital economy [R]. Brussels: European Commission, 2017.

[129] FAIRCHILD G B. Residential segregation influences on the likelihood of ethnic self - employment [J]. Entrepreneurship Theory and Practice, 2009, 33 (2): 373-395.

[130] FARRELL D, GREIG F. Paychecks, paydays, and the online platform economy [R/OL]. [2023-03-20]. https: //www.jpmorganchase.com/content/dam/jpmc/jpmorgan-chase-and-co/institute/pdf/jpmc-institute-volatility-2-report.pdf.

[131] FIESELER C, BUCHER E, HOFFMANN C P. Unfairness by design? The perceived fairness of digital labor on crowdworking platforms [J]. Journal of Business Ethics, 2019, 156 (4): 987-1005.

[132] FISH A, SRINIVASAN R. Digital labor is the new killer app [J].

New Media & Society, 2011, 14 (1): 137-152.

[133] FITZ-ENZ J. The ROI human capital: Measuring the economic value of employee performance [J]. New York: AMACOM, 2000.

[134] FOLTA TB.Hybrid entrepreneurship [J]. Management Science, 2010, 56 (2): 253-269.

[135] FORD J K, QUINONES M A, SEGO D J, et al. Factors affecting the opportunity to perform trained tasks on the job [J]. Personnel Psychology, 1992, 45 (3): 511 - 527.

[136] FOX, SPICER, CHOSEWOOD, et al. Implications of applying cumulative risk assessment to the workplace [J]. Environment International, 2018, 115 (6): 230-238.

[137] FRIEDMAN G. Workers without employers: Shadow corporations and the rise of the gig economy [J]. Review of Keynesian Economics, 2014, 2 (2): 171-188.

[138] GAGNE M, FOREST J. The study of compensation systems through the lens of self-determination theory: Reconciling 35 years of debate [J]. Canadian Psychology, 2008, 49 (3): 225-232.

[139] GANDINI A. Labour process theory and the gig economy [J]. Human Relations, 2019, 72 (6): 1039-1056.

[140] GEHL R W. The archive and the processor: The internal logic of web 2.0 [J]. New Media & Society, 2011, 13 (8): 1228-1244.

[141] GEORGELLIS Y, SESSIONS J, TSITSIANIS N. Self-employment longitudinal dynamics: A review of the literature [J]. Economic Issues, 2005, 10 (8): 51-84.

[142] GERBER T P. Getting paid: Wage arrears and stratification in Russia [J]. American Journal of Sociology, 2006, 67 (33): 571-594.

[143] GIEFER K G. Labor force participation, income packaging, and

economic well-being before and after welfare reform: Does prior paid work experience matter? [D]. Washington, DC: The George Washington University, 2010.

[144] GOODS C, VEEN A, BARRATT T. "Is your gig any good?" Analyzing job quality in the Australian platform-based food-delivery sector [J]. Journal of Industrial Relations, 2019, 61 (4): 502-527.

[145] GOODWIN V L, ZIEGLER L. A test of relationships in a model of organizational cognitive complexity [J]. Journal of Organizational Behavior, 1998, 19 (4): 371-386.

[146] GREENWOOD, BURTCH, CARNAHAN. Economic and business dimensions of unknowns of the gig-economy [J]. Communications of the ACM, 2017, 60 (7): 27-30.

[147] GUTHRIE H W. Teachers in the moonlight [J]. Monthly Labour Review, 1969, 92 (3): 28-31.

[148] HAMEL H R. Moonlighting—An economic phenomenon [J]. Monthly Labour Review, 1967, 90 (12): 17-22.

[149] HARRIS J R, TODARO M P. Migration, unemployment and development: A two sector analysis [J]. American Economic Review, 1970, 60 (1): 126-142.

[150] HAYES A F. Beyond Baron and Kenny: Statistical mediation analysis in the new millennium [J]. Communication Monographs, 2009, 76 (4): 408-420.

[151] HEINECK G, SCHWARZE J. Fly me to the moon: The determinants of secondary job holding in Germany and the U.K [J]. IZA Discussion Paper No.1358, 2004.

[152] HIPPLE S. Multiple jobholding during the 2000s [EB/OL]. (2020) [2023-03-20]. http: //gfhgc79739a0a75ab40dfh505c996npopw6fw0.

fabb.libproxy. ruc.edu.cn/stab.

[153] HIRSCH. Why do part-time workers earn less? The role of worker and job skills [Z]. IZA discussion paper No.1261, 2004.

[154] HORNEY. The gig economy: A disruptor requiring HR agility [J]. People Strategy, 2016, 39 (3): 20-28.

[155] HOYMAN. Female participation in the informal economy: A neglected issue [J]. The ANNALS of the American Academy of Political and Social Science, 1987, 493 (9): 64-82.

[156] HUANG, CLARK. Housing tenure choice in transitional urban China: A multilevel analysis [J]. Urban Studies, 2002, 39 (1): 7-32.

[157] HUANG, JIANG. Housing inequality in transitional Beijing [J]. International Journal of Urban and Regional Research, 2009, 33 (4): 936-956.

[158] HUSAIN M M. Essays on multiple job holding across labor markets [D]. Atlanta: Georgia State University, 2014.

[159] KALLEBERG A L, DUNN M. Good jobs, bad jobs in the gig economy [J]. LERA for Libraries, 2016 (20): 10-75.

[160] KÄSSI, LEHDONVIRTA. Online labour index: Measuring the online gig economy for policy and research [Z]. Mpra Paper, 2016.

[161] KENNEY M, ZYSMAN J. The rise of the platform economy [J]. Science and Technology, 2016, 32 (3): 61-70.

[162] KIHLSTROM R, LAFFONT J. A general equilibrium theory of firm formation based on risk aversion [J]. Journal of Political Economy, 1979, 87 (4): 719-748.

[163] KILLINGSWORTH M. Labour supply [M]. Cambridge: Cambridge University Press, 2009.

[164] KIMMEL J, CONWAY K S. Who moonlights and why? Evidence

from the SIPP [Z]. W.E.Upjohn Institute Staff Working Paper, No.95-140, 1995.

[165] KNIGHT J, SONG L. Increasing urban wage inequality in China [J]. Economics of Transition, 2003, 11 (4): 597-619.

[166] KOENKER R, BASSETT B. Regression quantiles [J]. Economica, 1978, 46 (1): 33-50.

[167] KOUMENTA M, WILLIAMS M. An anatomy of zero-hour contracts in the UK [J]. Industrial Relations Journal, 2019, 50 (1): 20-40.

[168] KOZLOWSKI S W J, HATTRUP K. A disagreement about within-group agreement: Disentangling issues of consistency versus consensus [J]. Journal of Applied Psychology, 1992, 77 (2): 161-167.

[169] KRISHNAN P. The economics of moonlighting: A double self-selection model [J]. Review of Economics and Statistics, 1990, 72 (2): 361-367.

[170] KUCZERA M, FIELD S, HOFFMAN N. Learning for jobs [M]. Paris: OECD Publishing, 2008.

[171] KUMAR P, IRUDAYARAJ I, JOMON M. The shadow of negative mentoring at the workplace [J]. Management and Labour Studies, 2014, 38 (4): 357-371.

[172] KUZNETS S. Economic growth and income inequality [J]. The American Economic Review, 1955, 45 (1): 1-28.

[173] LALE E. Multiple jobholding over the past two decades [EB/OL]. [2023-03-20]. https: //www. bls. gov/opub/mlr/2015/article/multiple-jobholding-over-thepast-two-decades.htm.

[174] LAMBERT E G, QURESHI H, FRANK J, et al. The relationship of work-family conflict with job stress among Indian police officers: A research note [J]. Police Practice and Research, 2017, 18 (1): 37-48.

[175] LEIBOWITZ, ARLEEN, JACOB, et al. Employment of new mothers and childcare choice: Difference by children's age [J]. Journal of Human Resources, 1992, 22 (1): 223-133.

[176] LEVY F, MUMANE R J. The new division of labor: How computers are creating the next job market [M]. Princeton: Princeton University Press, 2012.

[177] LOBEL. The gig economy and the future of employment and labor law [J]. University of San Francisco Law Review, 2017, 51 (1): 51-73.

[178] LOGAN, FANG, ZHANG. Access to housing in urban China [J]. International Journal of Urban and Regional Research, 2009, 33 (4): 914-935.

[179] LUCAS. On the size distribution of firms [J]. BELL Journal of Economics, 1978, 9 (2): 508-523.

[180] LUCAS R E. On the mechanics of economic development [J]. Journal of Monetary Economics, 1988, 22 (1): 3-42.

[181] LUCAS R E. Why doesn't capital flow from rich to poor countries? [J]. American Economic Review Papers and Proceedings, 1990, 80 (2): 92-96.

[182] LUPION, LUCY, JILL. Statutory protection for freelance workers: New York City paving the way for freelance workers [R/OL]. [2023-03-20]. https: //www.jdsupra.com/legalnews/statutory-protections-for-freelance-40459/.

[183] MANNING A, ROBINSON H. Something in the way she moves: A fresh look at an old gap [J]. Oxford Economic Papers, 2004, 56 (2): 169-188.

[184] MANYIKA, SUSAN, JACQUES, et al. Independent work: Choice, necessity, and the gig economy [R/OL]. [2023-03-20]. https: // www. mckinsey. com/global-themes/employment-and-growth/independent-work-

choice-necessity-and-the-gig-economy.

[185] MAURER-FAZIO M, DINH N. Differential rewards to and contributions of education in urban China's segmented labor market [J]. Pacific Economic Review, 2004, 9 (3): 173-189.

[186] MCDANIEL M A, SCHMIDT F L, HUNTER J E. Job experience correlates of job performance [J]. Journal of Applied Psychology, 1988, 73 (2): 327-330.

[187] MCENRUE M P. Length of experience and the performance of managers in the establishment phase of their careers [J]. Academy of Management Journal, 1988, 31 (1): 175-185.

[188] MENG X, KIDD M. Labor market reform and the changing structure of wage determination in China's state sector during the 1980s [J]. Journal of Comparative Economics, 1997, 25 (3): 403-421.

[189] MINCER J A. A study of personal income distribution [D]. New York: Columbia University, 1957.

[190] MINCER J A. Investment in human capital and personal income distribution [J]. Journal of Political Economy, 1958, 66 (4): 281-302.

[191] MINCER J A. On-the-job training: costs, returns and some implications [J]. Journal of Political Economy, 1962, 70 (5): 50-79.

[192] MINCER J A. Schooling, experience, and earnings [M]. New York: Columbia University Press, 1974.

[193] MINCER J A. Human capital and the labor market: A review of current research [J]. Educational Researcher, 1989, 18 (5): 27-34.

[194] MULCAHY D. The gig economy [M]. New York: AMACOM, 2017.

[195] MUSHKIN S J. Health as an investment [J]. Journal of Political Economy, 1962, 70 (2): 129-157.

[196] NAKATSU R T, GROSSMAN E B, IACOVOU C L. A taxonomy of crowdsourcing based on task complexity [J]. Journal of Information Science, 2014, 40 (6): 823-834

[197] NEIL O A, MARK J, MORLOCK. Moonlighting husbands or working wives: An economic analysis [J]. Journal of Family Issues, 1982, 3 (2): 181-198.

[198] NERDRUM L. The economics of human capital [M]. Oslo: Scandinavian University Press, 1999.

[199] OAXACA R. Male-female wage differentials in urban labor markets [J]. International Economic Review, 1973, 14 (3): 693-709.

[200] O'BRIEN J P, FOLTA T. Sunk costs, uncertainty and market exit: A real options perspective [J]. Industrial and Corporate Change, 2009, 18 (5) A: 807-833.

[201] HEALY T, COTE S. The well-being of nations: The role of human and social capital [M]. Paris: OECD Publishing, 2001.

[202] OECD. OECD digital economy outlook 2015 [M/OL]. Paris: OECD Publishing, 2015 [2023-03-20]. http: //www.keepeek.com/Digital-Asset-Management/oecd/science-and-technology/oecd-digital-economy-outlook-2015_9789264232440-en#page13.

[203] OECD. Better skills, better jobs, better lives: A strategic approach to skills policies [M]. Paris: OECD Publishing, 2012.

[204] OLSON M. The logic of collective action: Public goods and the theory of groups [J]. Cambridge, MA: Harvard University Press, 1971.

[205] OSTERMAN P. An empirical study of labor market segmentation [J]. Industrial and Labor Relations Review, 1975, 28 (4): 508-523.

[206] PARKER S C. The economics of entrepreneurship: What we know and what we don't [J]. Foundations & Trends in Entrepreneurship, 2005,

1 (1): 1-54.

[207] PETERS E, FINUCANE M L, MACGREGOR D G, et al. The bearable lightness of aging: Judgement and decision processes in older adults [M] // STERN P C, CARSTENSEN L L. The aging mind: Opportunities in cognitive research. Washington, DC: National Academy Press, 2000.

[208] PETROVA K. Part-time entrepreneurship and financial constraints: Evidence from the panel study of entrepreneurial dynamics [J]. Small Business Economics, 2012, 39 (2): 473-493.

[209] PIORE M J. The dual labor market: Theory and implications [M] // GORDON D. Problems in political economy: An urban perspective: Lexington, MA: D.C.Heath and Company, 1971.

[210] PRESTON A, WRIGHT R E. Exploring the gender difference in multiple job holding [J]. Industrial Relations Journal, 2020, 51 (3): 301-328.

[211] QUINONES M A, FORD J K, TEACHOUT M S. The relationship between work experience and job performance: A conceptual and meta-analytic review [J]. Personnel Psychology, 1995, 48 (4): 887-910.

[212] RAVENTÓS D. Basic income: The material conditions of freedom [M]. London: Pluto Press, 2007.

[213] REES H, SHAH A. An empirical analysis of self-employment in the UK [J]. Journal of Applied Econometrics, 1986, 1 (1): 95-108.

[214] REID L W, RUBIN B A. Integrating economic dualism and labor market segmentation: The effects of race, gender, and structural location on earnings [J]. Sociological Quarterly, 2003, 44 (3): 405-432.

[215] RENNA F. The economics of dual job holding [EB/OL]. [2023-03-20]. http: //fhbgbd27a2983b1049d39d65a92915dd8571sfxvqnnbf5p0q6c0c.fbhx.libproxy.ruc.edu.cn/docview/304803919? accountid=13625.

[216] RENNA F, OAXACA R L. The economics of dual job holding: A job portfolio model of labor supply [J]. IZA Discussion Paper No.1915, 2006.

[217] ROBSON K, WALLACE J E. Gendered inequalities in earnings: A study of Canadian lawyers [J]. Canadian Review of Sociology & Anthropology, 2001, 38 (1): 75-95.

[218] ROSENBLAT A, STARK L. Algorithmic labor and information asymmetries: A case study of Uber's drivers [J]. International Journal of Communication, 2016, 10 (27): 3758-3784.

[219] ROSTI L, CHELLI F. Gender discrimination, entrepreneurial talent and self-employment [J]. Small Business Economics, 2005, 24 (2): 131-142.

[220] SABINE K, ENZO W. Secondary job holding in Germany [J]. Applied Economics, 2020, 52 (30): 3238-3256.

[221] SCHNEIDER D, HARKNETT K. Consequences of routine work-schedule instability for worker health and well-being [J]. American Sociological Review, 2019, 84 (1): 82-114.

[222] SCHULTZ T W. Education and economic growth [M] // HENRY N B. Social forces influencing American education. Chicago, IL: University of Chicago Press, 1961

[223] SCHULTZ T W. The economic value of education [M]. New York: Columbia University Press, 1963.

[224] SCHULTZ T W. Institutions and the rising economic value of man [J]. American Journal of Agriculture Economics, 1968, 50 (5): 1113-1122.

[225] SCHWARZE J. Nebenerwerbstätigkeit in der Bundesrepublik Deutschland: Umfang und Ursachen von Mehrfachbeschäftigung [J]. TEGTMEYER H. Soziale Strukturen und individuelle Mobilität. Wiesbaden: VS Verlag für Sozialwissenschaften, 1991.

［226］ SHISHKO R， ROSTKE B. The economics of multiple job holding ［J］. American Economic Review，1976，66（3）：298-308.

［227］ SHIV B， FEDORIKHIN A. Heart and mind in conflict：The interplay ［J］. Journal of Consumer Research，2014，26（3）：278-292.

［228］ SMITH C K， KIMMEL J. Male labor supply estimates and the decision to moonlight ［J］. Labour Economics，1998，5（2）：135-166.

［229］ STEFANOVIĆ S， STOŠIĆ D. Specifics and challenges of female entrepreneurship ［J］. Economic Themes，2012，50（12）：327-343.

［230］ STEVENSON B. The internet and job search ［M］// Autor D. Studies of labor market intermediation. Chicago： The University of Chicago Press，2009.

［231］ STROOMBERGEN A， ROSE D， NANA G. Review of the statistical measurement of human capital ［EB/OL］. ［2023-03-20］. https：// citeseerx.ist.psu.edu/viewdoc/download？ doi=10.1.1.122.3069&rep=rep1&type= pdf.

［232］ TAYLOR M. Good work： The taylor review of modern working practices [R/OL]. [2023-03-20]. https: //www. thersa. org/globalassets/pdfs/ reports/good-work-taylor-review-into-modern-working-practices.pdf.

［233］ TEPPER. What does it mean to sustain a career in the gig economy [R/OL]. [2023-03-20]. https: //www. arts. gov/partnerships/creativity-connects/ report/what-does-it-mean-to-sustain-a-career-in-the-gig-economy.

［234］ TESLUK P E， JACOBS R R. Toward an integrated model of work experience ［J］. Personnel Psychology，1998，51（2）：321-355.

［235］ TOMASKOVIC-DEVEY D， SKAGGS S. Sex segregation， labor process organization， and gender earnings inequality ［J］. American Journal of Sociology，2002，108（1）：102 - 128.

［236］ TROSTEL WALKER， WOODLEY. Estimate of economic returns

to schooling for 28 countries [J]. Labor Economics, 2002, 9 (1): 1-16.

[237] UNDP China Office. Universal basic income: A working paper [EB/OL]. [2023-03-20]. https: //www.cn.undp.org/content/china/en/home/library/poverty/universal-basic-income--a-working-paper.html.

[238] United States Department of Labor. Opinion letter-FLSA2019-6 [EB/OL]. [2023-03-20]. https: //www. dol. gov/whd/opinion/FLSA/2019/2019_04_29_06_FLSA.pdf.

[239] UNNI J. Occupational choice and multiple job holding in rural Gujarat, India [J]. Yale University Economic Growth Center, Discussion Paper No.677, 1992.

[240] UZZI, BARSNESS. Contingent employment in British establishments: Organizational determinants of the use of fix-term hires and part-time workers [J]. Social Forces, 1998, 76 (3): 967-1005.

[241] VAN DER SLUIS J, VAN PRAAG M, VIJVERBERG W.Education and entrepreneurship selection and performance: A review of the empirical literature [J]. Journal of Economic Surveys, 2008, 22 (5): 795-841.

[242] VAN PARIJS P. Basic income: A simple and powerful idea for the twenty-first century [J]. Politics & Society, 2004, 32 (1): 7-39.

[243] VAN PRAAG C, VAN OPHEM H. Determinants of willingness and opportunity to start as an entrepreneur [J]. Kyklos, 1995, 48 (4): 513-540.

[244] VATAMANESCU E-M, BOGDAN G N, ANDREEA M. Competition and consumer behavior in the context of the digital economy [J]. Amfiteatru Economic, 2017, 19 (45): 354-366.

[245] WAJCMAN J. New connections: Social studies of science and technology and studies of work [J]. Work, Employment and Society, 2006, 20 (4): 773-786.

[246] WANG Y P, WANG Y L, WU J S. Housing migrant workers in rapidly urbanizing regions: A study of the Chinese model in Shenzhen [J]. Housing Studies, 2010, 25 (1): 83-100.

[247] WILLIAMS. Gender discrimination and self-employment dynamics in Europe [J]. The Journal of Socio-Economics, 2012, 41 (2): 153-158.

[248] WOLVERTON M L, EPLEY D. Structural analysis of US appraiser income [J]. Journal of Real Estate Research, 1999, 18 (2): 377-393.

[249] WOODCOCK J, JOHNSON M R. Gamification: What it is, and how to fight it [J]. The Sociological Review, 2018, 66 (3): 542-558.

[250] WU W P. Migrant housing in urban China: Choices and constraints [J]. Urban Affairs Review, 2002, 38 (1): 90-119.

[251] WU X G. Work units and income inequality: The effect of market transition in urban China [J]. Social Forces, 2002, 80 (3): 1069-1099.

[252] WU W P. Sources of migrant housing disadvantage in urban China [J]. Environment and Planning A, 2004, 36 (7): 1285-1304.

索　引

致 谢

海外游学两年、国企工作四年、自主创业三年之后，四年前我选择“回炉再造”，分外珍惜这来之不易的重返校园的机会。犹记刚进校门时杨伟国老师的那句“充分利用好在学校的每一天，否则，四年很短，一眨眼就过去了”。当时体会不深，如今念起，颇有感触。

2004年离家，只身抵京求学至今，已18载有余，未能陪伴在父母左右，深感歉疚。家父向来严厉，从不将溢美之词挂在嘴边；家母素来慈爱，总是记挂在外漂泊的我能否吃饱穿暖。两种截然不同的爱，我内心深知都乃用心良苦。家父是中医学教授，一直有一遗憾，就是我没有选择学习中医，但当得知我顺利考上伟国教授的博士生后，他格外欣喜，对我的继续深造一直给予全力支持。父母之爱，养育之恩，重如泰山，岂是简单一个“谢”字所能表达。

在中国人民大学度过我人生中有转折意义的四年，我感到特别幸运，尤其是在这里我遇到了亦师亦友的导师——杨伟国教授。无论是在学术领域，还是在工作、生活中，伟国教授行端影正、明诚待人，既是我学习、科研路上的领路人，更是以身作则、潜移默化地教会我为人处世之道的明灯，是我值得用一生去学习的榜样。

衷心感谢我的姐姐，是她在我创业失败之后鼓励我重回校园，让我在暂时的迷茫中找到自己未来的方向。在工作上、学习上、生活中，我们是姐妹，更是知己，父母不在身边，每当遇到困难，姐姐总是第一个站出来为我出谋划策、遮风挡雨。

衷心感谢在创作本书的过程中给我提供极大帮助和支持的李晓曼老师、张书琬老师。她们不仅针对我在学习科研中遇到的问题提出了很多有